SCHLOSS WERNIGERODE

a Innenhof und Bergfried
b Kirche
c Terrasse und Hauptportal
d Hausmannsturm
e Gaststätte
   „Schloßterrassen"
   ehem. Reitbahn
f Bärenzwinger

TIERGARTEN

Annaweg

Christianental

Gasthaus,
ehem. Jagdhaus

Teich

Forsthaus Christianental

Mühlental

enmauer

all

0   100
         m

Konrad Breitenborn

Schwarzer Hirsch im goldnen Feld

Geschichten um Schloß Wernigerode
aus neun Jahrhunderten

Der Kinderbuchverlag Berlin

Für Anja, Elke, Beelzi und Sebastian

ISBN 3-358-01075-9

Inhaltsverzeichnis

Blick auf Schloß Wernigerode

Auf den Berghöhen des Harzes haben einst mehr als hundert Burgen gestanden. Die meisten gibt es nicht mehr, oft ist uns nur ihr Name überliefert. Mitunter aber künden noch Mauerreste, die dem Blick des Besuchers durch üppiges Buschwerk, hohes Gras oder verzweigte Wurzeln nahezu entzogen sind, von ehemaliger stolzer Ritterherrlichkeit.

Jede dieser Burgen hat ihre Geschichte. In der einen waren Könige und Kaiser gern gesehene Jagdgäste; andere wieder galten als berüchtigte Raubnester, von ihnen ist Elend und Not ins Land gezogen. Gar manche Burg mußte oftmals und lange Zeiten hindurch feindlichen Überfällen widerstehen, ehe sie dann doch erstürmt und geschleift wurde, andere sind allein durch List und Verrat bezwungen worden, einige fielen nie in Feindeshand. Trotzig ragte ihr Bergfried, der mittelalterliche Hauptverteidigungs- und Aussichtsturm, durch die Jahrhunderte.

Seit Anfang des 12. Jahrhunderts erhebt sich auf einem hohen Bergrücken über der Stadt Wernigerode eine solche Burg mit ihren Ringmauern, Türmen und Zinnen. Sie hat die Zeiten überdauert. Der „feste", wehrhafte Herrschersitz, auch Veste genannt, war die Residenz zahlreicher Grafen, die zugleich die Geschicke der Stadt bestimmten. Später, als die Burg jegliche militärische Bedeutung verloren hatte, bauten ihre Besitzer sie zu einem repräsentativen Wohnschloß um.

Noch vor einigen Jahrzehnten wurde Schloß Wernigerode als „Wartburg des Harzes" bezeichnet. Denn wie auf der Eisenacher Veste bietet sich auch hier von seinem Bergfried aus nach allen vier Himmelsrichtungen eine herrliche Fernsicht. Wer Umschau hält, erkennt westwärts das Städtchen Ilsenburg und ostwärts die ehrwürdigen Türme des Halberstädter Doms. Greifbar nahe liegen die Berge des Harzes: der Brocken, meist von Wolken umzogen, die Hohneklippen, der Ottofelsen und die Wolfsklippen. An schönen Tagen, so scheint es, geht die Sonne langsam als roter Ball hinter dem Gebirge unter.

Das Schloß versetzt den Besucher in eine längst vergangene Welt. Im feuchten Kellergewölbe und im Innenhof vermeint er die Ritter und Grafen zu hören, die einst hier lebten. Viele Geschichten ranken sich um das Bauwerk und um seine Harzer Umgebung. Wenn doch die alten Schloßmauern erzählen könnten! Sie würden erzählen von glanzvollen Festen und feudaler Pracht, auch über Krieg, Aufruhr und Elend, über die harte Fron der Bauern und über die einst im Burgverlies Eingekerkerten. Von solchen und anderen Begebenheiten, die sich in neun Jahrhunderten tatsächlich hier zutrugen, berichten vergilbte Urkunden und Chroniken.

Um die von knorrigem Efeu fast zugewachsenen alten Gemäuer haben sich aber auch allerlei Sagen und Legenden gesponnen. Überliefert sind so manche Geschichten – ähnlich wundersam wie die Märchen aus Tausendundeiner Nacht.

„Rutsche fort!"

$\mathcal{D}$er Berg bei Wernigerode, welcher die „Harburg" genannt wird, soll in längst vergangenen Zeiten eine alte Veste getragen haben, die nur aus einem Turm bestand. Der Sage nach hauste dort ein Graf von Wernigerode. Ein Ausbau seiner Burg war auf jenem Berg aber nicht möglich, und für die immer größer werdende Familie wurde der Turm bald zu eng.

Wunschbesessen schaute der Graf oft nach dem gegenüberliegenden Bergrükken. Dort ließe sich gut eine neue Burg errichten, genug Platz fände sich für Türme, Mauern, Gemächer und einen großen Festsaal. Dem Rat seiner Frau folgend, flehte er den Schutzgeist der Familie um Hilfe an. Dieser erschien zwar sogleich, entrüstete sich aber über die Bitte des Grafen: „Ihr seid undankbar. Jahrhundertelang haben eure Vorfahren hier gelebt, nun wollt ihr den alten Turm verlassen, der euch so lange geschützt und geschirmt." Doch kaum war der Geist verschwunden, rief plötzlich eine dröhnende Stimme: „Rutsche fort! – Rutsche fort!" Als die Worte verstummten, wurde die Harburg von unsichtbaren Gewalten aus ihren Grundfesten gehoben und auf den gegenüberliegenden Berg gesetzt. Noch einmal rief der Graf nach dem Schutzgeist, aber vergeblich, er ließ sich nie wieder blicken.

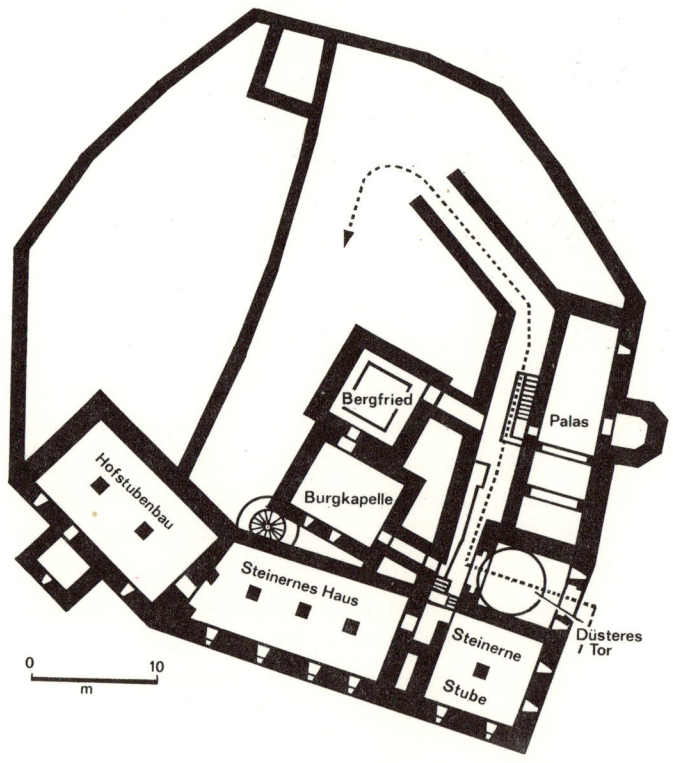

Die Burg Wernigerode im 12. und 13. Jh.
(nach einer Rekonstruktionszeichnung von Hermann Wäscher)
und Lageplan *(Grundriß)* der Burganlage *(siehe S. 8)*

Bereits im 9. Jh. wurde der Harzwald zwischen Holtemme und Ecker von Mönchen gerodet. Nach ihrem Abt Warin erhielt die Siedlung zu Füßen der späteren Burg den Namen „Wariningerode", woraus später Wernigerode entstand.

Die Harburg hat es wirklich gegeben. Alte Befestigungsreste künden davon, daß sie mindestens seit dem 9. Jahrhundert bestand und wahrscheinlich bis ins 12. Jahrhundert hinein bewohnt war. Ein Graf von Wernigerode – mit Namen Adalbert – tauchte aber erst um das Jahr 1110 auf. Ursprünglich gehörte ihm bei Hildesheim eine Grafschaft.

Dieser Adalbert stand in der Gunst des damals regierenden Kaisers. Er war sein Gefolgsmann und begleitete ihn auf mehreren Reisen durch das Deutsche Reich. Im ganzen Lande genoß Adalbert großes Ansehen. Häufig wurde er sogar gebeten, bedeutsame Urkunden zu bezeugen. Vermutlich ist Adalbert vom Kai-

9

ser am Nordrand des Harzes angesiedelt worden. Möglicherweise hat er zunächst auf der Harburg residiert. Zumindest gilt er nach der geschichtlichen Überlieferung als Gründer und Bauherr der Wernigeröder Burg.

Adalberts Besitz reicht am Gebirgsrand entlang von der Ecker bis zur Holtemme. Ihm gehört auch der Brocken und die Ortschaft Wernigerode. Sie liegt im Tal des Zillierbaches und der Holtemme. Dort läßt er auf einer vorgeschobenen Kuppe des Biegenberges, des späteren Agnesberges, eine neue Burg errichten. Adalbert hat ihren Standort klug ausgewählt. Von hier aus kann er das umliegende Gebiet gut überwachen. Im Auftrag des Kaisers soll der Graf mit dieser Veste die Straße zwischen den Kaiserpfalzen in Goslar und Bodfeld sichern, für deren Schutz er verantwortlich ist. Außerdem wird sie sich an einem wichtigen Handelsknotenpunkt befinden. Die große Handelsstraße, welche von Italien nach Skandinavien führt, überquert nämlich zwischen Nordhausen und Wernigerode den Harz. Hier stößt sie auf einen weiteren Handelsweg, der am Harzrand entlang Quedlinburg und Blankenburg mit Ilsenburg, Harzburg und Goslar verbindet.

Der Burgenbau dauert viele Jahre. Alle schweren Arbeiten sind von frondienstpflichtigen Bauern zu leisten. Sie müssen die großen Sandsteinblöcke und die Grauwacken-Bruchsteine den 350 Meter hohen Berg hinaufschaffen. Aber Graf Adalbert setzt auch Handwerker mit Spezialkenntnissen ein. Aus entfernten Gegenden holt er Maurer, Zimmerleute und Steinmetzen nach Wernigerode. Spätestens im Jahre 1121 thront über diesem Dorf eine feste Burg.

Ringmauer, Graben und Palisadenzaun schützen die Veste vor feindlichem Zugriff. Hinter Wehrgängen und Zinnen kann sich die Besatzung gut verbergen und durch die Schießscharten verteidigen.

Die kreisförmige Burganlage hat einen Durchmesser von nur knapp fünfzig Metern. Einzigen Zugang gewährt das „Düstere Tor". Von dort führt ein dunkler Gang bis in den Innenhof. Das Tor besteht aus dicken Eichenbohlen. Gegen Brand, Axthiebe und Rammböcke schützen es schwere Eisenbeschläge. Die Zugbrücke davor wird nur für Freunde und Gäste heruntergelassen. Im Erker über dem Tor sitzt ein Wächter. Er fragt jeden Ankömmling nach seinem Begehr. Im Notfall schüttet die Burgbesatzung von hier oben heißes Pech oder kochendes Wasser auf den anstürmenden Feind.

Starke Wehrmauern sichern die Burg nach Osten, denn der benachbarte höhere Biegenberg ist ein gefährlicher Angriffspunkt. Sämtliche Wohnbauten befinden sich an der zum Dorf Wernigerode hin gelegenen nordwestlichen Seite. Um Platz zu sparen, werden sie direkt in den Mauerring eingefügt.

Der Palas, das Wohnhaus des Grafen, liegt rechts neben dem Tor. Seinen großen Festsaal zieren viele Schmuckelemente. Adalberts Bedienstete, die Junker und Pagen, wohnen im „Hofstubenbau". Neben einer kleinen Kapelle erhebt sich

Wernigeröder Graf

in der Bilderhandschrift des Sachsenspiegels um 1300: Zwei Forellen zieren sein Wappen. Sie verweisen auf den Fischreichtum der Harzbäche.

im Innenhof der quadratische Bergfried. Die Küchengebäude stehen unmittelbar hinter der Wehrmauer.

Auf der Burg gibt es anfänglich keine Fenster. Die schmalen Mauerritzen spenden kaum Licht, und im Winter verschließt man sie der Kälte wegen ganz. Dann müssen die ohnehin schon völlig verrußten Zimmer mit Fackeln und Öllampen ausgeleuchtet werden. Kamine und Becken mit glühenden Kohlen beheizen die Gemächer nur mangelhaft. Deshalb sitzen die Burgbewohner im Winter häufiger als sonst in ihrer gemütlichen Trinkstube über den Weinkellern. Sie liegt zwischen Hofstube und Kapelle, unmittelbar neben der Schatzkammer, dem „Herrengewölbe", wo Graf Adalbert seine wertvollen Kostbarkeiten verwahrt.

Am Fuß der Burg entsteht aus der kleinen, am Schnittpunkt der beiden Handelsstraßen gelegenen Siedlung Wernigerode recht bald ein „Marktflecken", dem die Nachfolger Adalberts im April 1229 das Stadtrecht verleihen. Künftig verwalten von ihnen eingesetzte Ratsherren die Stadt. Alle Bürger dürfen frei Handel treiben. Sie bleiben jedoch dem Grafen untertan und müssen ihm Abgaben und Dienste leisten. So profitiert der Burgherr erheblich vom rasch wachsenden Wohlstand der Wernigeröder Kaufleute.

Nur dreimal im Jahr kommt der Graf zum Gerichtstag in die Stadt. Sonst übt sein Vogt die richterliche Gewalt in Wernigerode aus. In der Nähe des Marktplatzes liegt der „Herrenhof", das gräfliche Regierungsgebäude. Er ist von mehreren Ritterhöfen umgeben, deren Inhaber adlige Vasallen des Grafen sind. Schon Adalbert hat sie mit dem Besitz belehnt.

11

Die Ritter brauchen keine Abgaben zu entrichten. Dafür aber obliegt ihnen die Pflicht zur Verteidigung und zum Schutz der Stadt. Ihre festen, burgähnlichen Höfe befinden sich meist in unmittelbarer Nähe der Stadtmauer. Aus den adligen Rittergeschlechtern stammen die Kammerjunker, Pagen und Hoffräulein der gräflichen Familie.

Aber auch außerhalb Wernigerodes, im dörflichen Umland, haben Adalbert und seine Nachfolger Güter als Lehen an Ritter vergeben. Zusammen mit den städtischen Rittern bilden sie die gräfliche Lehnsmannschaft. An die Ritter von Minsleben, von Langeln, von Silstedt und von Altenrode erinnern heute nur noch Dorfnamen.

Eine Lehnsmannschaft benötigen die Grafen für ihre zahlreichen Raubzüge und Fehden allemal. Da sie aber häufig mit sehr starken Gegnern im Streit liegen, ist auch für sie der Schutz eines mächtigen Lehnsherrn lebensnotwendig. Im November 1268 wird der Burgherr, ein Urenkel Adalberts, Vasall der Markgrafen von Brandenburg, wofür diese ihm Hilfe und Unterstützung im Kriegsfall zusichern.

In Fehde mit Mönchen und Grafen

Der Abt des Klosters von Ilsenburg beschwert sich im Jahre 1308 beim Papst über die Wernigeröder Grafen Albert und Friedrich. Die beiden Brüder würden, so klagt er, immer stärker in die Verwaltung des Klosters eingreifen. Denn Albert und Friedrich hätten rechtswidrig die Steuern des Klosters erhöht und eigenmächtig noch weitere Geldforderungen erhoben.

Der Abt strebt eine Befreiung von den drückenden Lasten an. Die Grafen aber wollen ihre Vogteirechte erweitern und sich am Klosterbesitz bereichern. Als der Abt im Jahr darauf die Zahlung der Steuer verweigert, beginnen Albert und Friedrich mit dem Kloster eine blutige Fehde.

Häufig schon lagen die Brüder mit anderen Feudalherren im Streit. Dafür sind sie im Land allgemein bekannt. Vier lange Jahre bekämpften die Wernigeröder Burgherren den Herzog von Braunschweig. Eine seiner Burgen machten sie dem Erdboden gleich. Überliefert ist auch, daß Friedrich selbst in Thüringen und auf dem Eichsfeld gefürchtet war, denn die Stadt Mühlhausen erklärte einmal, sie

Siegel des ersten Abtes des Ilsenburger Klosters um 1150

Im Jahre 1141 wurde Graf Adalbert II., der Sohn des Burgengründers, vom Kaiser zum Erbvogt des reichen Ilsenburger Benediktinerklosters ernannt. Künftig übten die Wernigeröder Grafen in Vertretung des Kaisers die weltliche Gerichtsbarkeit über das Kloster aus, das ihnen steuerpflichtig war. Außerdem mußten die Mönche den Burgherren verschiedene Abgaben leisten. Der große Grundbesitz des Klosters grenzte unmittelbar an gräfliche Ländereien.

könne einen Boten nicht nach Hildesheim reiten lassen „wegen der Fehden des edlen Grafen von Wernigerode".

Dreißig gräfliche Lehnsmannen, unterstützt von zahlreichen Kriegsknechten, fallen mehrmals über das Ilsenburger Kloster her. Die Mönche wehren sich kaum. Sie sind den mit Schwert und Armbrust bewaffneten Rittern nicht gewachsen. Einige Mönche werden erschlagen, andere brutal mißhandelt. Die meisten fliehen nach Braunschweig. Verschiedene Klostergebäude gehen in Flammen auf. Die Ritter rauben Feldfrüchte, Holz, Pferde, Kühe und Schafe und kehren mit reicher Beute auf die Wernigeröder Burg zurück.

Albert und Friedrich kümmert es wenig, daß der Papst sie nunmehr „Söhne der Bosheit" nennt und über die „Mordbrenner" den Kirchenbann verhängt. Seine Strafmittel bleiben erfolglos.

Erst im November 1320 erkennt ein neuer Abt die Vogteirechte der Grafen an. Im Streit mit dem Kloster konnten die Burgherren ihre Machtstellung behaupten und festigen. Ein Vertrag darüber wird auf der Wernigeröder Veste geschlossen. Die Grafen geben dem Kloster alle geraubten Besitzungen zurück. Der Papst hebt den Kirchenbann wieder auf.

Über eine Grafschaft als geschlossenes Gebiet um Burg und Stadt Wernigerode regieren Albert und Friedrich aber noch nicht. Zu ihrem Besitz am Nordrand des Harzes kommen Ländereien und Güter im Vorland hinzu. Meist liegen sie jedoch mitten in fremden Herrschaftsgebieten. Die Grafen wollen den Streubesitz zusammenbringen und das Territorium um ihre Veste vergrößern. Dabei entsteht

„Raubgrafenkasten"

Armbrust mit Winde (um 1600)

*In Deutschland gab es die Armbrust seit dem 12. Jh. Ihre Bolzen hatten eine Reichweite bis zu 400 Metern,
sie durchschlugen Schilde und Ritterrüstungen. Die katholische Kirche verbot im Jahre 1139
den Gebrauch der „teuflischen" Schußwaffe unter den Christen und gestattete ihn nur
im Kampf gegen Ungläubige. Das Verbot konnte aber nicht durchgesetzt werden. Um 1190 entstand
in Frankreich die erste Armbrustschützenkompanie zu Fuß und zu Pferde.*

Der gefangene Graf Albrecht von Regenstein
auf dem Quedlinburger Marktplatz
(Wandgemälde im Rathaussaal der Stadt)

Der Sage zufolge wurde Albrecht auf dem Rathaus in einem Holzkäfig gefangengehalten. Es heißt:
„Die Bürger ließen einen Kasten von eichenen Bohlen anfertigen, mit eisernen Bändern, Schlössern
und Riegeln wohl verwahrt, nicht groß genug, um sich aufrechtstehend darin bewegen zu können,
und mit einer niedrigen Tür, daß man nur kriechend in dieselbe kommen konnte, und in diesem
Kasten, an einen Block geschlossen, ließ man den Grafen 18 Monate lang schmachten." Der
„Raubgrafenkasten" ist noch heute im Quedlinburger Schloßmuseum ausgestellt.

häufig Streit mit den Nachbarn, vor allem mit den Regensteiner Grafen. Sie sitzen
auf der Blankenburg, der Heimburg und der Burg auf dem Regenstein. Ihnen
gehört ein großer Teil des Harzes. Nahezu vor den Toren Wernigerodes besitzen
sie die Dörfer Hasserode, Silstedt und Minsleben, auch im südlichen Brockenge-
biet stehen ihnen Hoheitsrechte zu. Darüber sind die Wernigeröder Grafen besonders verärgert.

Aber eine Fehde gegen die Regensteiner will gut vorbereitet sein. Die Wernigeröder Burg wird deshalb erheblich um- und ausgebaut. Zwei neue Wehrtürme

15

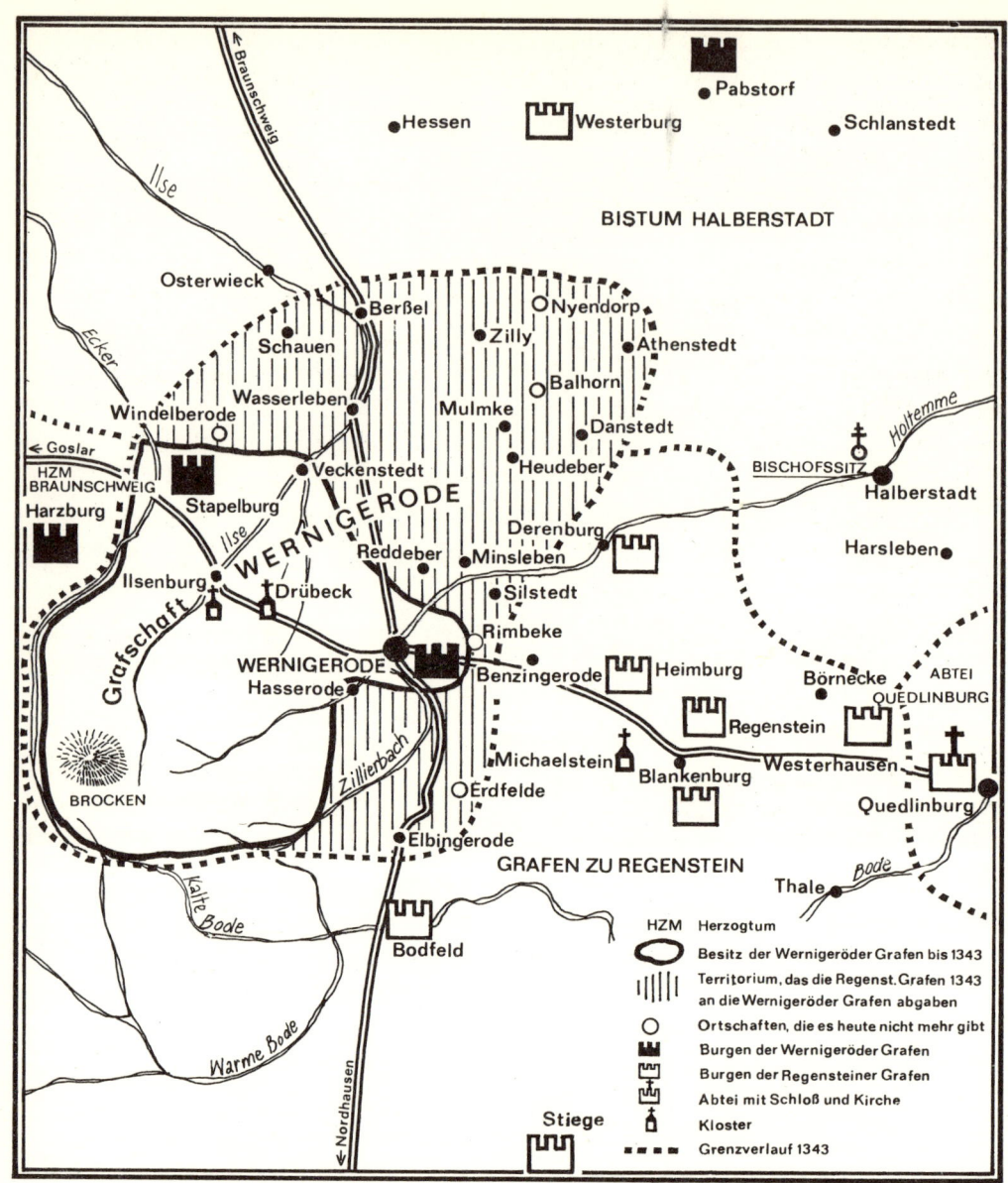

Map labels:

Pabstorf

Hessen · Westerburg · Schlanstedt

BISTUM HALBERSTADT

Osterwieck · Berßel · Nyendorp · Zilly · Athenstedt · Schauen · Balhorn · Wasserleben · Mulmke · Danstedt · Windelberode · Heudeber · BISCHOFSSITZ · Halberstadt

← Goslar · HZM BRAUNSCHWEIG · Veckenstedt · Harsleben

Harzburg · Stapelburg · WERNIGERODE · Derenburg · Reddeber · Minsleben · Silstedt · Rimbeke · Ilsenburg · Drübeck · Benzingerode · Heimburg · Börnecke · ABTEI QUEDLINBURG · Grafschaft · WERNIGERODE · Hasserode · Regenstein · Westerhausen · Michaelstein · Blankenburg · Quedlinburg · BROCKEN · Erdfelde · Elbingerode · GRAFEN ZU REGENSTEIN · Thale · Bodfeld

Ilse · Ecker · Holtemme · Zillierbach · Kalte Bode · Warme Bode · Bode · ← Braunschweig · ← Nordhausen

Stiege

HZM   Herzogtum
⬭   Besitz der Wernigeröder Grafen bis 1343
▥   Territorium, das die Regenst. Grafen 1343 an die Wernigeröder Grafen abgaben
○   Ortschaften, die es heute nicht mehr gibt
▉   Burgen der Wernigeröder Grafen
⬚   Burgen der Regensteiner Grafen
      Abtei mit Schloß und Kirche
⚲   Kloster
▪▪▪▪   Grenzverlauf 1343

Besitzungen der Wernigeröder Grafen vor und nach 1343:

Burg Wernigerode; Harzburg (gehörte von 1269–1370 den Wernigeröder Grafen; von 1370 bis 1547 gemeinsamer Besitz der Wernigeröder bzw. Stolberger Grafen und der Herzöge von Braunschweig); Stapelburg (gebaut vor 1300 zur Sicherung der Straße nach Goslar, wurde von den Wernigeröder Grafen oft verpfändet oder als Lehen vergeben); Burg Pabstorf (gehörte von 1343 bis 1381 den Wernigeröder Grafen)

16

sichern nun die Südseite. Sie heißen „Grauer Turm" und „Oberer Turm" und dienen künftig auch als Auslug. Den alten Bergfried läßt man abtragen, um über einen geräumigeren Innenhof zu verfügen. Das Tor schützt bald ein neuer massiver runder Verteidigungsturm. Er ist 24 Meter hoch und hat einen Durchmesser von 7,80 Metern. Seine Mauern sind 1,20 Meter stark. Der Wächter muß von oben herab auch auf die Feuergefahr in Stadt und Land achten. Der Eingang zur Burg führt an diesem „Hausmannsturm" vorbei. Um die ganze erweiterte Anlage zieht sich eine Ringmauer, im inneren Graben steht ein Wachgebäude.

Auf der Heimburg residiert seit 1323 Albrecht von Regenstein. Einer alten Chronik zufolge soll dieser Graf ein fehdefreudiger Kriegsmann gewesen sein, „immer bereit, rasch mit dem Schwerte d'rein zu schlagen". Als er aber versucht, die Stadt Quedlinburg zu unterwerfen, schließen deren Bürger ein Bündnis mit den Wernigeröder Grafen. Vor den Toren Quedlinburgs werden die Regensteiner Ritter besiegt. Albrecht flieht, doch sein Pferd bleibt im Morast stecken, und der Graf gerät in Gefangenschaft.

Für seine Freisetzung soll Albrecht auf die Besitzungen in Quedlinburg, wo ihm einige Häuser gehören, verzichten und die Kosten für den Ausbau der Stadtbefestigung tragen. Willigt der Regensteiner nicht ein, droht ihm die Todesstrafe. Doch erst nach Monaten, als Tag und Stunde seiner Aburteilung schon feststehen, akzeptiert der Graf urkundlich alle Forderungen der Bürger. Dies bezeugen am 20. März 1338 auf dem Richtplatz „zu Quedlinburg vor der Stadt" auch die Wernigeröder Grafen. Sie haben vom Sieg der Quedlinburger über Albrecht von Regenstein keinen Vorteil und gehen zunächst leer aus.

Ihre große Stunde schlägt im Jahre 1343: Der Bischof von Halberstadt möchte sein geistliches Fürstentum im Harzvorland erweitern, den Regensteinern will er dort einige Ländereien gewaltsam wegnehmen. Bald entbrennt ein furchtbarer Krieg, über den ein altes Lied sagt: „Er hat verheert den ganzen Harz, ganz Sachsen ward von Mordbrand schwarz."

Die Wernigeröder Grafen unterstützen den Halberstädter Bischof. Bei einem Gefecht fällt ihnen ein Verwandter Albrechts von Regenstein in die Hände, der auf Burg Wernigerode eingekerkert wird. Für dessen Freiheit müssen die Regensteiner auf einen großen Teil ihres Besitzes verzichten. Die Dörfer Hasserode, Minsleben, Silstedt, Reddeber, Langeln und Wasserleben sowie die Gebirgsregion um Elbingerode sind an die Wernigeröder Feudalherren abzutreten, viele weitere Gebiete erhält der Bischof. Am 26. Juni 1343 besiegelt ein entsprechender Vertrag die Niederlage der Regensteiner. Seitdem gibt es die Grafschaft Wernigerode als geschlossenes Territorium um Burg und Stadt.

Straßenräubern droht der Galgen

Im Deutschland des zu Ende gehenden 14. Jahrhunderts herrschen die Fürsten und Grafen in ihren Territorien als Landesherren unabhängig von Kaiser und König. Da eine starke Zentralgewalt fehlt, bekämpft sich der Adel untereinander. Raubritter machen die Handelsstraßen unsicher.

Auch Konrad und Dietrich, die Burgherren zu Wernigerode, schlagen sich gern mit den Nachbarn in endlosen Fehden. Die Bauern fürchten ihre harte Rücksichtslosigkeit. Beide Brüder sind als gefährliche Wegelagerer verhaßt. Vor allem Dietrich, der schon an vielen Kriegszügen teilgenommen hat, gilt als streitsüchtiger Raufbold. In einer alten Chronik wird über den blonden, spitzbärtigen Grafen gesagt, er sei „unter den räuberischen Edeln unserer Gegend der verwegenste gewesen".

Nördlich von Halberstadt gehört den Brüdern die Burg Pabstorf. Von hier aus ziehen die Grafen im Lande herum, oft fallen sie ins benachbarte Erzbistum Magdeburg ein. Sie plündern Bauernhöfe und Dörfer, mißhandeln die Bewohner oder lauern fremden Kaufmannszügen auf, die stets reiche Beute versprechen.

Zu ihrer Abwehr verbünden sich die Städte Magdeburg und Halle mit dem Erzbischof von Magdeburg, den Markgrafen von Meißen und dem Fürsten von Anhalt. Im Jahre 1381 gelingt es, dem Treiben der Grafen Einhalt zu gebieten. Zwischen Oschersleben und Magdeburg werden sie geschlagen und zum Rückzug nach Pabstorf gezwungen. Die Brüder verlieren dabei achtzig Pferde, Konrad gerät in Gefangenschaft. Erst nach Zahlung eines hohen Lösegeldes erhält er die Freiheit wieder. Dietrich, der zunächst entkommen ist, wird in Langeln belagert. Noch im November des gleichen Jahres müssen die beiden Grafen in einem Friedensschluß den Magdeburger Erzbischof als Lehnsherrn anerkennen. Erheblicher Grundbesitz, darunter die Burg Pabstorf, geht ihnen verloren. Konrad und Dietrich lassen das alles geschehen, ohne ihr 1268 eingegangenes Lehnsverhältnis mit den Markgrafen von Brandenburg zu lösen. Von diesem alten Vertrag weiß der Erzbischof vermutlich gar nichts. So wird der Kirchenfürst rechtswidrig Lehnsherr der Wernigeröder Grafen.

Über zwei Jahre sind vergangen, da kommt es am 14. Februar 1384 in Braunschweig zu einer großen Landfriedensversammlung. Der Bischof von Halberstadt, die Herzöge von Lüneburg, die Regensteiner, Stolberger, Mansfelder und Wernigeröder Grafen schließen hier mit den Vertretern der Städte Braunschweig, Hannover, Hildesheim, Halberstadt und Quedlinburg einen Landfriedensbund,

Die Burg auf dem Blankenstein (Blankenburg)
(Kupferstich von Merian um 1650)

Noch heute befindet sich an der westlichen (nach Wernigerode gerichteten) Burgseite
ein steinernes Haupt in der Mauer. Die Sage erzählt, es sei der Kopf des Grafen Dietrich,
der an dieser Stelle in die Veste eindrang.

der später vom Kaiser bestätigt wird. Landfriedensbruch ist mit dem Tode zu bestrafen. Trotzdem sind Fehden weiter möglich, sie müssen dem Gegner aber angekündigt werden.

Graf Konrad von Wernigerode nimmt an der Landfriedensversammlung teil. Er beschwört den Vertrag auch im Namen seines Bruders Dietrich. Wieder zu Hause, schert das Braunschweiger Friedensversprechen die Wernigeröder Grafen wenig. Stets geldbedürftig, plündern sie weiterhin wehrlose Kaufleute aus. Ihr Bruder Albrecht, der in Halberstadt Domherr ist, warnt vor den Folgen, denn Straßenräubern droht der Galgen. Konrad und Dietrich glauben jedoch nicht daran, daß die Strafbestimmungen mit aller Strenge gehandhabt werden. Beispiele von Landfriedensbruch gab es bereits viele, meist aber blieben die Übertretungen völlig ungesühnt.

Eines Tages überfällt Dietrich sogar die Blankenburg, den Wohnsitz des Grafen Busso von Regenstein. Die Fehde wird nicht angesagt, und der Handstreich gelingt ohne Kampf. Im Schutz der Nacht dringt Dietrich mit schwerbewaffneten Knechten in die völlig ungeschützte Veste ein. Graf Busso ist für einige Tage zur Jagd ausgeritten. Die wenigen Insassen werden schnell überwältigt. Dietrich hält die Burg eine Zeitlang besetzt, um Lösegeld zu erpressen. Es heißt, er habe auch mit den Bürgern der Stadt grausamen Schabernack getrieben und sie durch Drohung mit Brand und Plünderung zu Geldzahlungen gezwungen.

19

Graf Dietrich von Wernigerode
(dargestellt auf dem Mittelteil eines Sühnealtars)

kniet vor der thronenden Muttergottes, im Genick steckt das tödliche Kurzschwert.
Zwei Löwen halten seinen Forellenschild.
Der Altar wurde um 1400 von Dietrichs Verwandten gestiftet, um für den Hingerichteten
die Gnade Gottes zu erbitten. Rechts neben Dietrich steht Petrus, einer der zwölf Jünger Jesu.
Die katholische Kirche verehrte ihn als erstes Oberhaupt der Christenheit.
In der Bibel heißt es, Petrus habe von Jesus den Schlüssel
für das Himmelreich erhalten.

20

Seit der Braunschweiger Zusammenkunft sind inzwischen über zwei Jahre ins Land gegangen. Busso von Regenstein führt gegen Dietrich Klage beim Landfriedensbund, der den vielerorts gefürchteten Friedensstörer hart bestrafen soll. Dietrich erhält eine Vorladung zum Gerichtstag in Goslar, um sich hier für seine Verbrechen zu verantworten. Gemäß den Bestimmungen des Landfriedens wird ihm freies Geleit zugesichert, so daß die Vollstreckung einer Strafe an Ort und Stelle nicht zu befürchten steht.

Trotzdem geht Dietrich nicht nach Goslar. Aber einige Wochen später erscheint er vor einem adligen Ehrengericht. Sein Lehnsherr, der Erzbischof von Magdeburg, hat ihn dazu aufgefordert. Diese Adelsversammlung ist dem Kaiser nicht rechenschaftspflichtig. Sie tagt nach uraltem germanischem Brauch unter freiem Himmel. Der Gerichtsplatz liegt unweit der Stapelburg, die den Grafen Dietrich und Konrad gehört.

Der angeklagte Friedensbrecher kommt allein und unbewaffnet, ahnt nicht die drohende Gefahr. Im Kreis von Standesgenossen meint er, seine Sache erfolgreich verteidigen zu können. Aber am 22. Juli 1386 erwarten Dietrich auf dem Gerichtsplatz nur seine Feinde, denen er in die Falle gegangen ist. Die ihm befreundeten Bischöfe von Hildesheim und Halberstadt fehlen. Auch keiner seiner Brüder ist anwesend.

Graf Busso vertritt die Anklage und bezichtigt Dietrich des Straßenraubes. Er fordert für ihn die Todesstrafe. Nach kurzer Verhandlung fällt der Erzbischof von Magdeburg über den Vasallen das Todesurteil, es ist sofort zu vollstrecken. Dietrich soll aufgehängt werden. Wegen seines adligen Standes bleibt ihm ein entehrender Tod am Galgen jedoch erspart.

Der Scharfrichter tötet den Wernigeröder Grafen mit dem Kurzschwert. Zur Abschreckung und Warnung hängt er den Hingerichteten dann mit dem Zaumzeug des eigenen Pferdes an einer großen Eiche auf. Später wird der Leichnam von Freunden bestattet.

Die Eiche gibt es heute nicht mehr. Das benachbarte Feld heißt bis in unser Jahrhundert hinein „Graf Dietrich Breite". Unter den erhaltenen Grabplatten in der Wernigeröder Sylvestrikirche, der gräflichen Begräbnisstätte, findet sich keine für Dietrich. Niemand weiß, wo er begraben liegt.

Mit den ungewöhnlichen Umständen des Rechtsfalles beschäftigten sich lange die Historiker. Manche behaupten, Graf Dietrich sei von politischen Gegnern unter einem Vorwand zum Gerichtstag gebeten und dort hinterhältig ermordet worden. Andere behaupten, der Vollzug des Todesurteils zeige, daß selbst große Herren nicht ungestraft gegen die Friedensordnung verstoßen durften. Wie dem auch sei, das Volk wird Dietrichs schreckliches Ende als gerecht empfunden haben. Noch lange sprach man in dieser Gegend über den gefährlichen Wegelagerer, der als „Raubgraf" von Wernigerode in die Geschichte einging.

Theobaldikapelle
(Gemälde von Ernst Helbig)

Nach mittelalterlichem Brauch ließ Graf Heinrich die kleine turmlose Kirche als Sühnekapelle
für seinen als Landfriedensbrecher hingerichteten Bruder Dietrich erbauen.
Sie steht im Mühlental zu Füßen des Burgberges und wurde 1419 geweiht.
Der Legende nach soll Dietrichs Gemahlin hier als Klausnerin
bis zu ihrem Lebensende gehaust haben.

Schwarzer Hirsch
im goldnen Feld

Was wenige Jahrzehnte zuvor nicht vermutet werden konnte, steht 1417 endgültig fest: Das Wernigeröder Grafengeschlecht stirbt mit Heinrich, dem jüngsten von vier Brüdern, aus. Er ist der letzte seines Stammes. Konrad und Dietrich leben nicht mehr, beide hinterlassen keine männlichen Erben. Albrecht wurde 1411 Bischof in Halberstadt.

Ein Vertrag mit dem entfernt verwandten Stolberger Grafen Botho sichert die Erbfolge. Der Erzbischof von Magdeburg hat ihr als Lehnsherr zugestimmt. Aber Botho soll noch zu Heinrichs Lebzeiten die Verhältnisse in Wernigerode kennenlernen.

Am 10. November des Jahres 1417 haben sich auf dem Marktplatz von Wernigerode der Rat und zahlreiche Bürger zur Erbhuldigung für Botho versammelt. Die allesamt erschienenen Ratsherren sind festlich gekleidet, erwartungsvoll stehen sie vor dem Rathaus. Unter den zahlreichen Ehrengästen ist auch Heinrichs Bruder Albrecht.

Graf Botho kommt mit großem Gefolge. Auf seinem goldgelben Schild prangt ein schwarzer zwölfendiger Hirsch. Heinrich läßt sich ebenfalls von zahlreichen Vasallen begleiten. Rote Forellen schmücken Mantel und Schild. Die Wappentiere der Wernigeröder Grafen sind den Bürgern vertraut, sie zieren auch ihr Stadtsiegel. Nun sollen sie einem neuen Landesherrn huldigen, obwohl der alte noch lebt und weiterhin mitregiert. So etwas gab es in Wernigerode noch nie!

Aber die getroffene Erbfolge ist der Bürgerschaft durchaus willkommen. Die Stolberger Grafen gelten als friedlich. An den häufigen Fehden waren sie kaum

Das Wappen der Stolberger Grafen

Der genaue Ursprung des Wappens ist unklar. Die Wahl des Hirsches weist darauf hin, daß er in den Wäldern des Harzes häufig vorkam und von den Feudalherren gern gejagt wurde. Der Hirsch war auch das Wappentier der Grafen von Klettenberg und der Edlen von Hadmersleben. Die Regensteiner Grafen führten Hirschgeweihe in ihrem Wappen. Über die Herkunft erzählt eine Sage: Es heißt, der Kammerdiener des Kaisers Barbarossa schoß zwischen Stolberg und Rottleberode einen schwarzen Hirsch. Als der Kaiser den kapitalen Zwölfender sah, schenkte er dem Jäger zum Lohn das Land, wo er den Hirsch erlegt hatte.

beteiligt, und Botho ist ein reicher Mann. Die Silberbergwerke der Grafschaft Stolberg erbringen ihm hohe Einnahmen. Von jeher zogen es die Stolberger vor, ihr Vermögen durch wirtschaftliche Unternehmen, Kauf, Erbschaften und geschickte Heiraten zu mehren.

Auf dem Marktplatz überreicht der Bürgermeister Graf Botho einen Stadtschlüssel. Die symbolische Geste verdeutlicht, daß die Burgherren auch über Wernigerode regieren. Dann huldigen alle Ritter, Geistlichen, Ratsherren und Bürger dem neuen Herrn; sie wollen ihm stets untertänig sein. Botho seinerseits verspricht der Stadt Schutz, bestätigt ihre alten Rechte und verpflichtet sich, sie niemals zu verkaufen oder zu verpfänden.

Heinrich, der letzte Wernigeröder Graf, stirbt am 3. Juni 1429. Sein silberner Wappenschild mit den beiden Forellen wird über dem offenen Grab in der Sylvestrikirche zerbrochen. Bereits im August führt Botho als alleiniger Erbe den Titel „Graf und Herr zu Stolberg und Wernigerode". Der schwarze Hirsch im goldnen Feld und das Forellenpaar werden in einem Wappen vereinigt. Aber über den Zinnen der Wernigeröder Burg flattert künftig nur noch die schwarzgelbe Fahne der Stolberger Grafen.

Graf Heinrich von Wernigerode

(dargestellt auf einer Grabplatte in der Wernigeröder Sylvestrikirche)

Erbhuldigung für Graf Botho zu Stolberg am 10. November 1417
auf dem Marktplatz in Wernigerode
(Wandgemälde im Festsaal des Wernigeröder Schlosses von Konrad Beckmann)

Der Bürgermeister überreicht Botho den Stadtschlüssel. Neben dem Stolberger steht Graf Heinrich.
Albrecht von Wernigerode, der Halberstädter Bischof, sitzt hinter Botho.
Im oberen Teil ist der Schloßneubau des 19. Jh. zu sehen.

Botho ist ein Mann von Energie, Ausdauer und politischer Gewandtheit. Es gelingt ihm, seinen Landbesitz fast zu verdoppeln. Zur Grafschaft Wernigerode gehören ausgedehnte Forsten, mehrere Dörfer, die drei Klöster Drübeck, Ilsenburg und Himmelpforte sowie zahlreiche Ritterhöfe. Durch Erbschaft fallen Botho auch die Grafschaft Hohnstein mit dem Kloster Ilfeld, Schloß Kelbra in der Goldenen Aue und das Amt Questenberg im Südharz zu.

Inzwischen über fünfzig Jahre alt, heiratet er im Juni 1431 die erst fünfzehnjährige Anna von Schwarzburg. Botho hat die Hochzeit mit ihrem Vater aus wirtschaftlichen Gründen verabredet. Mit ihm ist er eng befreundet. Durch die Ehe werden die Ämter Kelbra und Heringen gemeinsames Eigentum beider Feudalherren.

Viele Adlige des Landes sind bei Botho verschuldet, einige Vesten werden ihm zeitweise als Pfand überlassen, andere kauft er, an weiteren erwirbt der Graf

Die Burg Wernigerode um das Jahr 1494:

*1 Steinernes Haus, 2 Neues Haus, 3 Schulstubenbau, 4 Neuer Turm, 5 Wehrmauer,
6 Hausmannsturm. – Das Steinerne Haus entstand im 15. Jh. über dem früheren Palas. In der Veste
befanden sich mehr als 50 Zimmer.*

anteilige Herrschaftsrechte. So bringt sich Botho in den Besitz der Burgen von Harzgerode und Stiege, der Blankenburg sowie der Schlösser Güntersberge, Wippra, Morungen, Allstedt und Röblingen. Dazu gehören Dörfer, deren Bauern Abgaben entrichten und Frondienste leisten müssen. Der vermehrte Grundbesitz macht Botho nicht nur zu einem der reichsten Harzgrafen jener Zeit, er stärkt und erweitert auch seinen politischen Einfluß. Allein die Lehnsmannschaft, die ihm zum militärischen Dienst verpflichtet ist, hat sich zahlenmäßig verdoppelt.

In seinen Territorien übt Botho als „regierender Graf" die uneingeschränkte Landeshoheit aus. Er gehört zum Hochadel des Deutschen Reiches und ist im Fürstenrat des Reichstages stimmberechtigt.

Dem Kaiser zahlt Botho eine jährliche Kriegssteuer von 84 Gulden. Für dessen Reichsarmee hat er drei Mann zu Pferde und zwölf zu Fuß zu stellen. Als auf dem Nürnberger Reichstag von 1431 beschlossen wird, den Krieg gegen die böhmischen Hussiten durch ein „Bündnis edler Herren und Ritter" zu unterstützen, beteiligt sich Botho mit zehn Rittern am Feldzug.

Verwirrend sind seine Lehnsverhältnisse. Für die erworbenen Ländereien ist er mehreren Lehnsherren verpflichtet, denn Botho erbte nicht nur den Grundbesitz, sondern auch die damit verbundene politische Abhängigkeit. So empfing er Burg und Stadt Stolberg als Lehen vom Mainzer Erzbischof. Mit den Herzögen von Braunschweig besteht ein Lehnsvertrag für die Grafschaft Hohnstein und das Amt Elbingerode. Die Thüringer Landgrafen sind die Lehnsträger von Heringen, Sachsens Herzöge die von Kelbra. Häufige Streitereien zwischen den zahlreichen

Die Harzgrafschaften und angrenzende Herrschaftsgebiete um 1500 –
ein Spiegelbild deutscher Viel- und Kleinstaaterei

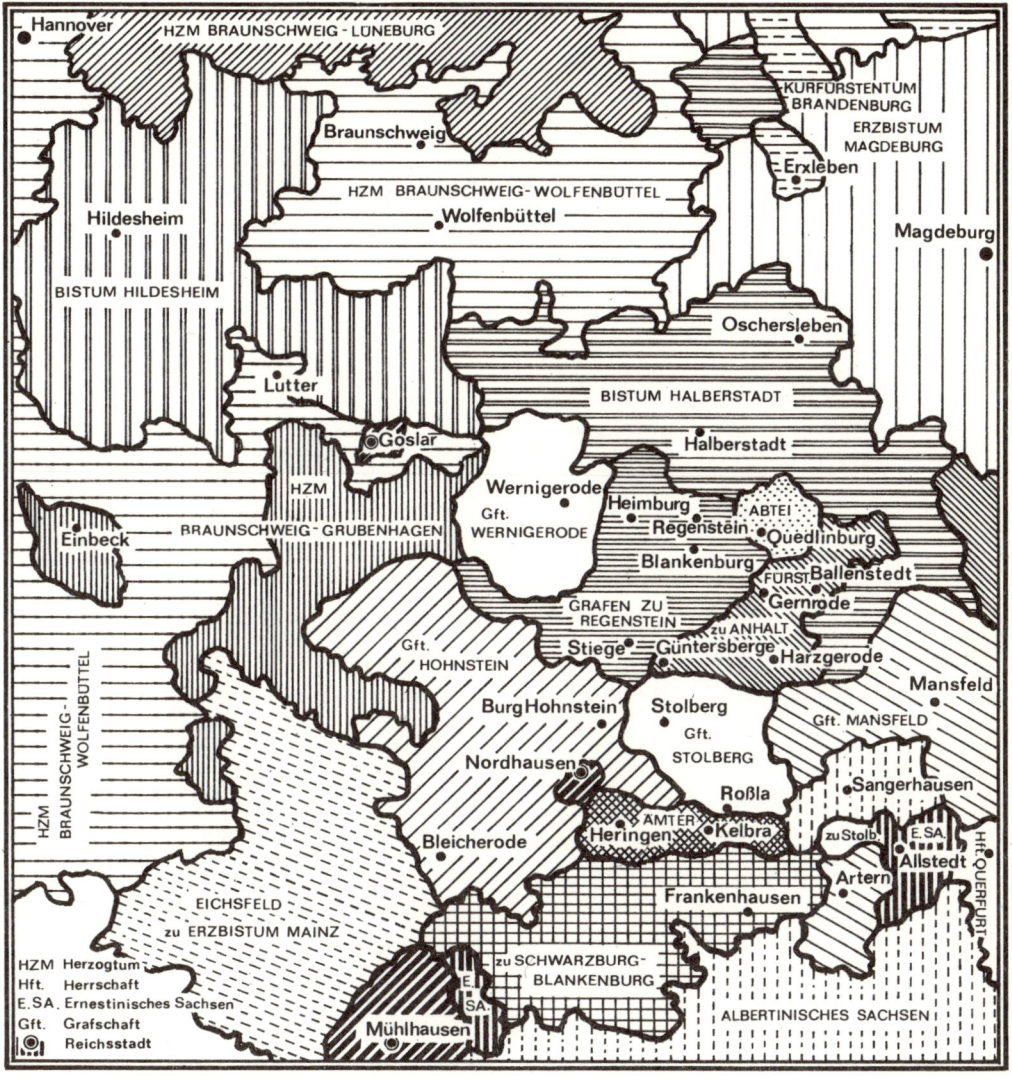

Lehnsherren kann Botho meist zum eigenen Vorteil nutzen. Am Weimarer Hof der Thüringer Landgrafen ist er eine Zeitlang sogar Minister.

Schwierigkeiten bereitet ihm nur das Lehnsverhältnis der Grafschaft Wernigerode zum Erzbistum Magdeburg. Ab 1443 pocht nämlich Kurfürst Friedrich II. von Brandenburg nachdrücklich auf seine alten Rechte. Er betont, das Lehnsverhältnis zum Erzbistum Magdeburg sei rechtswidrig. Denn dieses war, ohne den lange zuvor mit Brandenburg abgeschlossenen Lehnsvertrag aufzuheben, begründet worden.

Bothos reicher Wernigeröder Besitz ist sehr verlockend. Da der einzige Sohn des inzwischen greisen Stolbergers noch im Kindesalter ist, kann die Grafschaft einmal an den jeweiligen Lehnsherrn fallen.

Nach sechsjährigen Verhandlungen verzichtet schließlich der Magdeburger Erzbischof zugunsten des Kurfürsten auf die Lehnsherrschaft. Nun gehören Burg, Stadt und Grafschaft als Lehen wieder zu Brandenburg. Zwar besucht Botho wiederholt die Wernigeröder Veste, er hält sich hier aber nie länger auf. Sein Stammsitz bleibt Stolberg auf der anderen Seite der Harzberge. Diese Grafschaft kommt 1485 als Lehen zum Herzogtum Sachsen.

Graf Botho muß „in den sauren Apfel beißen"

Im April des Jahres 1525 hält sich Botho zu Stolberg-Wernigerode in Calbe an der Saale auf. Er ist ein Enkel jenes gleichnamigen Grafen, der 1429 die Wernigeröder Grafschaft erbte. Botho nimmt an einer Beratung bei Kardinal Albrecht teil. Als Hofmeister steht er in dessen Diensten.

Hier in Calbe erreicht den Grafen am 28. April die Nachricht, daß sich „allenthalben Aufruhr in seiner Herrschaft erhöbe". Es heißt, sein Stolberger Schloß sei von Aufständischen gestürmt worden und in Wernigerode führe der bekannte Barbier Wilhelm Wiardes Bauern aus den umliegenden Dörfern und Bergknappen gegen die in der Grafschaft gelegenen Klöster; einige habe man bereits ausgeplündert und zerstört. Für die Wernigeröder Veste bestünde derzeit noch keine Gefahr.

Botho ist in Bedrängnis. Soll er unverzüglich nach Wernigerode reiten und auf der wehrhaften Burg abwartend Schutz suchen? Immerhin hat er diese Anlage

Graf Botho zu Stolberg-Wernigerode (1467–1538)

*Da ihm durch seine Heirat mit Gräfin Anna zu Königstein große Ländereien zufielen, wurde er
der „Glückselige" genannt. So kamen die Burgen Eppstein im Taunus, die Herrschaft Gedern in Hessen
und die südniederländische Grafschaft Rochefort (später zu Belgien gehörend) in die Hand
der Stolberger Grafen. Die Sage über die Verlagerung der Wernigeröder Burg durch den Befehl
„Rutsche fort!" wird mit der Besitzung Rochefort in Verbindung gebracht. – Graf Botho galt als
politisch wendiger und mit allen Wassern gewaschener Feudalherr. Als Hofmeister verwaltete er
einige Jahre für Kardinal Albrecht die Stiftslande von Magdeburg und Halberstadt.*

erst vor einigen Jahren zu einer regelrechten Festung ausbauen lassen. Das könnte
sich jetzt bezahlt machen. Seit 1520 existiert eine zweite Ringmauer. Auf der star-
ken Bastion, dem „Zwinger", befinden sich fünfzehn schwere Geschütze, und die
Waffenkammer ist reich bestückt. Hakenbüchsen, Armbrüste, Handrohre und
Feuermörser liegen griffbereit. Sogar an eine Pulvermühle war gedacht worden.
Andererseits, so spekuliert Botho, ist der Aufstand in Stolberg durch energisches
Einschreiten vielleicht doch noch im Keime zu ersticken?

Seine Frau weilt zur Zeit im Stolberger Schloß. Die erst einundzwanzigjährige
Tochter Anna steht dem Quedlinburger Damenstift als Äbtissin vor. Sie ist
zugleich weltliche Obrigkeit; die Bevölkerung und der Rat der Stadt sind ihr
untertan. Botho hält es für möglich, daß die Quedlinburger Bürger ebenfalls
rebellieren. Vielleicht braucht Anna den Rat des Vaters? Quedlinburg liegt auf
dem Weg nach Stolberg. Deshalb reitet Botho zunächst dorthin.

Vater und Tochter beraten die Lage. Beide wissen, Zorn und Haß der Bauern,
Bürger, vor allem der Stadtarmut, richten sich in erster Linie gegen jene, die auf

Kardinal Albrecht von Brandenburg (1490–1545)

wurde mit 23 Jahren Erzbischof von Magdeburg, ein Jahr später auch Erzbischof von Mainz und damit Kurfürst. 1518 erlangte er die Kardinalswürde. Albrecht besuchte 1516 Graf Botho auf der Wernigeröder Burg und kam im Dezember 1540 zur Wolfsjagd hierher.

ihre Kosten leben – gegen die Mönche und Nonnen in den Klöstern wie gegen die Adligen auf ihren Burgen und Schlössern.

Davon betroffen fühlt sich Graf Botho allemal, denn im eigenen Herrschaftsbereich ist die Höhe der zu leistenden Frondienste und Abgaben „ungemessen", also völlig von seiner Willkür abhängig. Frondienste sind als Spann- oder Handdienste mit dem eigenen Fuhrwerk bzw. den eigenen Arbeitsgeräten zu leisten, oft an mehreren Tagen in der Woche. Der an Botho zu entrichtende Zins für den bäuerlichen Hof wurde in immer geringeren Zeitabständen erhöht. Zu Neujahr mußte bei der Obrigkeit das sogenannte Rauchhuhn abgeliefert werden, das waren je nach Besitz bis zu sechs Hühner oder Gänse. Bei Verheiratung einer Tochter des Grafen galt es, die Fräuleinsteuer aufzubringen. Ständig kamen neue Steuern hinzu, wie zum Beispiel die Ziese auf das Bierbrauen im Hause. Außerdem wurde das Recht zur freien Nutzung der Allmende immer mehr eingeschränkt. Und ließ Graf Botho zur herrschaftlichen Jagd blasen, mußte der meist als Treiber eingesetzte Bauer hilflos zusehen, wenn das von Hunden und Reitern gehetzte Wild die mühsam bestellten Felder verwüstete. Gegen all das konnte sich der Landmann nicht wehren, schlug doch die Obrigkeit mit harten Strafen zu, falls er heimlich in den Wäldern des Harzes wilderte oder in dessen Flüssen und Bächen fischte. In

Demut gehalten, fristete er jahraus, jahrein ein kärgliches Leben – meist war in den Bauernhütten Schmalhans Küchenmeister.

Jetzt aber, im Frühjahr 1525, fürchtet Graf Botho, seine Untertanen könnten es den Bauern Süddeutschlands gleichtun, die schon im vergangenen Jahr mit ihren Peinigern abrechneten. Aus vielen Ortschaften, so erfährt er von Tochter Anna, käme Kunde über kampfentschlossene Bauern. Würden sie auch ihm den roten Hahn aufs Schloßdach setzen, Rache nehmen für so manche Pein?

Eilends reitet Botho schließlich von Quedlinburg weiter nach Stolberg, wo ihn vor dem Schloß über dreihundert bewaffnete Aufständische erwarten. Sie verlangen von Botho, ihre Forderungen zu erfüllen. In Artikelform werden sie dem Grafen vorgelegt. Der Landesherr verspricht: „Was andere Fürsten und Herren tun, will auch ich tun." Dann aber türmt er zu nächtlicher Stunde über die Mauer des

Kirchgang

Vom Graben zwischen den beiden Ringmauern konnte man durch einen schmalen unterirdischen Gang in den inneren Graben gelangen, der sich unmittelbar vor den Burggebäuden befand. Steil aufsteigend, wurde er wahrscheinlich hauptsächlich zum Transport von Holz, Fässern, Geschützen und Munition genutzt. Dieser alte Geheimgang wurde während des Schloßumbaus im 19. Jh. nahezu völlig zerstört. Nur ein Teil blieb in veränderter Form als gesonderter Eingang zur Kapelle (Kirchgang) bis heute erhalten.

Schlosses und flieht nach Wernigerode. Im Nu wirbt er dort 200 Landsknechte an. Schon tags darauf zieht Graf Botho mit ihnen zurück nach Stolberg.

Doch seine zornigen Untertanen lassen sich nicht einschüchtern. Aus der ganzen Grafschaft sind sie herbeigeeilt: Bauern, Bürger, Bergleute. Auf über tausend ist deren Zahl inzwischen hier angewachsen. Ein zweites Mal wollen sie sich von Botho nicht hinhalten oder gar hinters Licht führen lassen. Plötzlich greifen einige von ihnen nach den Zügeln seines Pferdes, nötigen ihn aus dem Sattel... Noch in der Reisekleidung, gestiefelt und gespornt, sieht sich der Graf nun doch gezwungen, die 24 „Stolberger Bürgerartikel" zu unterschreiben. Damit garantiert er den Einwohnern Stolbergs die Freiheit des Rates der Stadt, die Zoll-, Jagd- und Fischereifreiheit, die Freiheit von Frondiensten, Abgaben und Steuern, in erster Linie die Aufhebung der Bierziese, sowie die ungehinderte Ausübung des Bergbaus. Zudem muß Botho versprechen, künftig die Steuerlast gleichmäßig zu verteilen, vor allem die bis dahin steuerfrei lebende Geistlichkeit einzubeziehen. Und schließlich soll er nach Frankenhausen reiten, um die Artikel des Bauernheeres zu beschwören. Bei Frankenhausen haben sich unter der Regenbogenfahne nahezu 8000 Aufständische versammelt. Sie verfügen über mindestens 15 Geschütze.

Botho reitet tatsächlich ins Heerlager der Bauern. Hier verspricht er jedermann die freie Nutzung von Holz, Wasser, Weide und Wild und bekundet, seine sämtlichen Schlösser und Burgen bis auf das Stolberger aufzugeben. Die dort vorhande-

Lageplan *(Grundriß)* der Wernigeröder Burganlage um 1520 mit unterirdischem Gang und Kerkerturm (Hungerloch)

Schloß Stolberg
(Gemälde von Richard Thierbach um 1900)

nen Lebensmittel will er den Bauernhaufen überlassen. Zur Überraschung mancher Aufständischer leistet der Graf sogar militärische Hilfe. Der Stolberger läßt ein kleines Geschütz, etwa zwanzig Pfund Pulver und „etliche hundert". Fußknechte nach Frankenhausen schicken.

Doch Botho spielt falsch. Heimlich nimmt er Kontakt mit seinem Lehnsherrn, dem Herzog Georg von Sachsen, auf, der ein mächtiger Widersacher der revolutionären Bauern ist. Botho schreibt dem Herzog, viele Untertanen seien gegen ihn aufgestanden, man habe die Häuser der Adligen zerstört und ausgeraubt sowie die meisten Klöster geplündert. Und wörtlich heißt es weiter: „...meine Leute und Bauern haben mich bereits gedrungen, daß ich etliche Artikel ihnen habe müssen einräumen, das mir fürwahr beschwerlich. Hab ich aber wollen etwas behalten, so hab ich in den sauren Apfel beißen müssen."

Von Frankenhausen zurückgekehrt, verweilt Botho nicht länger im unsicheren Stolberg. Am 7. Mai flieht er mit seiner Familie auf die Wernigeröder Burg. Aber selbst dort rechnet der Graf mit einer Belagerung. Unverzüglich entfernen seine Knechte das die Festungsanlagen umwuchernde Gebüsch und Gehölz. Schnell werden die Kanonen in Stellung gebracht und die Vorräte aufgefüllt.

33

Thomas Müntzer

wurde um 1489 in der gräflichen Residenzstadt Stolberg geboren. Sein Vater war ein armer Handwerker. Müntzer studierte Theologie. Als revolutionärer Prediger propagierte er das Widerstandsrecht des Volkes gegen die feudale Obrigkeit. Das Schwert sollte dem „gemeinen Manne" gegeben werden. Während des Bauernkrieges wollte Müntzer in Thüringen ein Zentrum des Aufstandes für ganz Deutschland schaffen. Nach der Niederlage bei Frankenhausen wurde er gefangengenommen, grausam gefoltert und am 27. Mai 1525 hingerichtet.

Solcher Eile hätte es gar nicht bedurft. Denn nur wenige Bürger der Stadt Wernigerode schließen sich den Aufständischen unter Wilhelm Wiardes an. Es gelingt nicht, die für eine Erstürmung der Burg notwendige Heerschar zusammenzubringen. Bothos wehrhafter Herrensitz bleibt unangetastet, und der Feudalherr fühlt sich sicher. Dennoch schickt er sogleich 18 Reiter und 50 Fußknechte zu Herzog Georg von Sachsen – zur Stärkung des Fürstenheeres, wie es im Begleitbrief heißt. Dem Herzog versichert Botho: „... vermochte ich mehr, so wollte ich es von Herzen gern tun".

Bei Frankenhausen ziehen die Fürsten inzwischen eine große Streitmacht zusammen, zugleich aber bieten sie den Bauern Waffenstillstand an. Bothos Sohn Wolfgang soll die Bedingungen aushandeln. Der junge Graf trifft mit Thomas Müntzer zusammen, am 14. Mai begibt er sich ins Lager der Fürsten. Doch schon tags darauf werden die aufständischen Bauern in der Schlacht bei Frankenhausen vernichtend geschlagen. Etwa 6000 von ihnen kommen ums Leben. Das Verhandlungsangebot der Fürsten war eine geschickte Täuschung. Noch wochenlang nach dem Gemetzel ziehen ihre Scharfrichter und Henker durchs Land.

Auch Botho rächt sich. Er tut dies, obwohl niemand der Grafenfamilie während des Aufstandes körperlich zu Schaden kam. Später freilich erzählt seine Frau: Es sei die Absicht des Stolberger Pöbels gewesen, sie wie eine Laterne aus dem Fenster zu hängen und nach ihr zu schießen.

Der Graf will diesen Untertanen eine deutliche Lektion erteilen. Ein für allemal soll klar sein: Er verkörpert wieder die allmächtige Obrigkeit. Neun „Rädelsführer" haben nach Bothos Ansicht durch die Beteiligung am Aufruhr ihr Leben verwirkt. Er übergibt sie Meister Jacob, dem eigens dafür aus Wernigerode

Freigelegte Grundmauern des Klosters Himmelpforte

Das Kloster Himmelpforte, von dem nur noch vereinzelte Grundmauern erhalten sind, lag vor den Toren Wernigerodes. Dessen Mönche retteten sich vor den Aufständischen in den angrenzenden Wald. Eine Tafel an der „Mönchsbuche", wo sie angeblich sich versteckten und ausharrten, erinnert daran. Einer Sage nach fand auf dieser Flucht der Abt des Klosters hier den Tod. Die Mönche sollen ihn unter jener Buche in einem goldenen Sarg, der von einem zinnernen und dieser wieder von einem hölzernen Sarg umschlossen war, begraben haben. Wer die Särge ausbuddeln wollte, sei von ihnen vertrieben worden. Kaum wahrscheinlicher ist die überlieferte Mär, wonach vom Kloster Himmelpforte ein geheimer unterirdischer Gang bis hinein nach Wernigerode führte. Ihn hätten die Mönche als sicheren Fluchtweg nutzen können.

Herzog Georg von Sachsen „der Bärtige"
(1471–1539)

Folter und Hinrichtung im 16. Jh.

Die Henker verstümmelten und blendeten ihre Opfer. Sie führten die „entehrenden" Todesstrafen des Hängens, Räderns, Vierteilens und Verbrennens aus.

Der Scharfrichter mit seinen Gehilfen

*vollzog nur die Strafe der Enthauptung, bei der der Verurteilte nicht eigenhändig
berührt werden mußte.*

herbeibefohlenen Scharfrichter. Aus dem Stadtsäckel ist dieser Mann zu entlohnen: „pro Kopf" ein Gulden.

Nachdem die Folterknechte den Verurteilten die Haare gestutzt und die Hände auf den Rücken gebunden haben, verrichtet der Scharfrichter sein Werk. Keine Rettung gibt es für Hans Nuss, Georg Wedelter, Hans Sachs, Peter Eulner und für fünf weitere Stolberger Todeskandidaten... Als alles vorüber ist, teilt Graf Botho seinem Schwager triumphierend mit, die Bauern seien wieder „zum Kreuz gekrochen" und hätten sich erneut in seine Gnade begeben.

Weitaus „milder" verfährt er dagegen in Wernigerode. Fünf Anführer des Aufstandes werden eingekerkert und unter der Folter verhört. Vier von ihnen kommen mit Geldstrafen davon. Nur Wilhelm Wiardes soll mit dem Leben büßen. Um sein Geständnis zu erpressen, führt ihn der Henker am 31. Mai zweimal zum Galgen. Doch schließlich wird er von Botho begnadigt. Es geschieht auf Fürbitte der Herzogin von Braunschweig, die den bekannten Barbier und Wundarzt schätzt. Als geborene Markgräfin von Brandenburg gehört sie zur Familie von Bothos brandenburgischem Lehnsherrn. Wiardes muß die Grafschaft verlassen und Urfehde schwören, das heißt, keinen neuen Aufstand anzufangen.

Nur sehr kurze Zeit durften die Bauern hoffen, sich von den Ketten der feudalen Abhängigkeit befreien zu können. Bald arbeiten auch auf Bothos Ländereien die Frondienstpflichtigen wieder wie eh und je. Der Graf aber ist durch die Erfahrung der zurückliegenden Ereignisse vor allem an vermehrter persönlicher Sicherheit interessiert. Die Befestigungsanlagen der Wernigeröder Burg werden deshalb in den folgenden Jahren weiter ausgebaut. Vor der äußeren Ringmauer entsteht ein Wall, der sich um die gesamte Veste zieht und nach außen durch einen Palisaden-

Landsknechtshauptmann

Landsknechte waren meist fremdes und rohes Kriegsgesindel, sie schreckten vor Plünderung und Raub, aber auch vor Mord und Totschlag nicht zurück. Ausstaffiert mit Helm, Sturmkragen, Wams und Harnisch sowie bewaffnet mit Spieß, Schwert, Armbrust oder Hakenbüchse waren sie des Bauern gefürchteter Feind.

zaun geschützt wird. Sein sehr aufwendiger, langwieriger Bau verschlingt mehrere tausend Gulden. Zudem läßt Botho den Wall mit Steinbüchsen bestücken, die Steinkugeln verschießen. Mindestens fünfzig gut ausgerüstete und von einem Hauptmann angeführte Landsknechte sind künftig ständig auf der Burg stationiert. Auch Munition liegt stets in großen Mengen bereit. Graf Botho ist nicht noch einmal geneigt, „in den sauren Apfel zu beißen".

Hochzeit auf der Burg

Graf Wolfgang zieht mit sechzig berittenen Gefolgsleuten am 20. Juni 1541 zur Grenze der Grafschaft Wernigerode, um dort seine Braut, die Gräfin Dorothea von Regenstein, willkommen zu heißen. Seit Wolfgangs Vater, Graf Botho, vor drei Jahren starb, regiert er als neuer Landesherr auf der Burg Wernigerode.

Festlich geschmückt und gerüstet, zu Pferde oder in der Kutsche, begleiten zahlreiche Gäste den Bräutigam. Der Herzog von Braunschweig führt allein dreißig Bedienstete mit sich, ebensoviele die Grafen von Mansfeld, Oheime der Braut. Unter den Gästen ist auch der Graf von Schwarzburg, er kommt mit zwanzig Mannen, alle hoch zu Roß. Gleichfalls vertreten sind die Magistrate der Städte Wernigerode, Stolberg, Nordhausen, Heringen, Kelbra und Neustadt, mehrere Geistliche sowie Graf Wolfgangs Ritterschaft.

Die dem Mädchenalter kaum entwachsene fünfzehnjährige Dorothea fährt ihrem künftigen Gemahl entgegen. Sechs stattliche Rösser ziehen die Kutsche der herausgeputzten Braut, vier die der Ehrenjungfrauen, wiederum vier den Wagen mit den Kleidern und Kleinodien Dorotheas. Ihr Vater, Graf Ulrich, führt den Regensteiner Zug an. Im Ehevertrag hat er seiner Tochter eine Mitgift von 4000 Gulden zugesichert. Schwiegersohn Wolfgang muß die gleiche Summe als Gegengabe leisten. Die insgesamt 8000 Gulden sollen Dorothea verbleiben.

In der Nähe des Dorfes Silstedt treffen die beiden Festzüge aufeinander. Viele Schaulustige sind aus der Umgebung herbeigeströmt. Herolde stoßen in ihre Trompeten, man rührt die Trommeln, es folgen herzliche Ansprachen von beiden Seiten. Die erbitterten Fehden zwischen den einst so verfeindeten Regensteiner und Wernigeröder Burgherren gehören längst der Vergangenheit an. Als Dorothea und Wolfgang Wernigerode erreichen, donnern ihnen die Burggeschütze einen Willkommensgruß entgegen. Noch an diesem Tag soll Hochzeit sein.

Graf Wolfgang zu Stolberg-Wernigerode (1501–1552)

wurde schon als Zehnjähriger Domherr zu Halberstadt. Nach einem Studium an der Wittenberger Universität übte er in Halberstadt und Naumburg weitere Kirchenämter aus, die er aber beim Tode seines Vaters Botho im Jahre 1538 aufgab. Wolfgang regierte und residierte vor allem in Stolberg. Er führte in seinem Herrschaftsbereich die Reformation ein und versuchte, die wirtschaftliche Entwicklung zu fördern. 1544 ließ der Graf das Ilsenburger Hüttenwerk errichten.

Graf Wolfgang hat die Feier aufwendig vorbereiten lassen. Vom Keller bis hoch unters Dach ist die Veste in den zurückliegenden Wochen gründlich instand gesetzt worden. Der Burghof wurde, „do es ungleich gewest", mit Steinen gepflastert. Tischler bauten in nur zwölf Tagen fehlende Bänke, Schränke und Betten, außerdem richteten sie den Weinkeller, die Küche und die Vorratskammer neu ein. Simon der Tüncher malte kurzfristig nahezu fünfzig Räume aus, darunter den Saal, die Weinstube, den Hofstubenbau, das Fürstengemach, die Kammern der Edelleute, Junker und Jungfrauen, des Falkners und des Hofnarren. Ebenfalls renoviert wurde die Badestube am Hausmannsturm. Sie war mit kupfernem Ofen und Schweißbänken, vor allem aber mit großen Holzzubern ausgestattet. Reichlich zu tun hatte ebenso der Glaser. Viele Zimmer erhielten neue Fenster mit hübschen sechseckigen kleinen Butzenscheiben.

Verschwenderisch ließ der Burgherr fürs leibliche Wohl seiner Gäste sorgen. Drei Rinder, fünfzehn Hammel, etliche Kälber, Lämmer und Hasen, hundertzwanzig Hühner, zwölf Gänse, fünf Enten, achtzehn Rehe, einige Hirsche, drei Zentner Hechte, acht Zentner Karpfen, Lachse, mehrere Körbe mit Forellen und Aalen, Käse und eine Tonne Schweinewildbret wurden auf die Burg geliefert, desgleichen seltene Gewürze, Obst und Gemüse. Der Wernigeröder Stadtrat hat als Hochzeitsgabe vierzig grüne Aale, drei grüne Hechte, drei grüne Lachse und zwei Fässer Bier gesandt.

Neben dem eigenen Küchenpersonal stehen Köche und Bratmeister aus Halberstadt, Quedlinburg, Stolberg und Blankenburg zu Diensten des Grafen, der immerhin fünf Tage feiern will.

Im großen Saal und in einigen anderen Räumen der Burg erwarten reich gedeckte Tafeln die Hochzeitsgesellschaft. Auch an prachtvoller Ausstattung hat man nicht gespart. Vierunddreißig kostbare, zum Teil edelsteinbesetzte Schaustücke aus Gold oder Silber wurden aus der Schatzkammer des Stolberger Schlosses herbeigeschafft, darunter Trinkbecher, Pokale, Humpen und Schalen. Die meisten der wertvollen Stücke tragen das gräfliche Wappen.

Schon bald nach dem üppigen Hauptmahl schmücken aus Backwerk und Zuckerguß nachgebildete Berge und Burgen sowie Teiche mit Schwänen und Springbrunnen die Hochzeitstafel. Unter den beifälligen Zurufen der Gäste werden diese Kunstwerke der Konditorei von den Hofjunkern auf großen Platten in die Festgemächer getragen. Hier sitzen an gesonderten Tischen auch über dreißig angesehene Bürger Wernigerodes, die der Graf zum Hochzeitsschmaus einlud. Sogar einige Handwerker, wie Simon der Tüncher, dürfen mitfeiern. Mancher von ihnen stellt dem Bräutigam seine gute Stube als Quartier zur Verfügung, denn

Eine Hochzeit um 1500

Die Veste Wernigerode um 1520:

1 Bastion (im 18. Jahrhundert mit Häusern bebaut); 2 Tor zur Bastion (heute nur noch in Resten sichtbar); 3 das große Burgtor; 4 Außenmauer (auf der sich ein Wehrgang befand); 5 halbrunder Wehrturm, sog. Schale (später mit einem Dach versehen); 6 Hausmanns- oder Schusterturm (um 1520 als „Lug ins Land" der Hauptturm der Burg); 7 Badestubentor (heute befindet sich an dieser Stelle der Eingang zum Tunnel mit Fallgitter); 8 Grauer Turm; 9 der „Wolf" (Gefängnisturm, dahinter liegt der nicht sichtbare Wasmutsturm); 10 „Wendelstieg" (als Kirchentreppenturm im inneren Schloßhof noch erhalten); 11 Neues Haus; 12 Steinernes Haus; 13 Kerkerturm mit Verlies (Hungerloch)

dessen zahlreiche adlige Gäste finden nicht allesamt auf der Burg oder in den städtischen Herbergen Unterkunft.

In den Festräumen geht es laut, vergnügt zu, Gesang ertönt, und selbst im Burghof herrscht ausgelassenes Treiben. Der Mundschenk ist unablässig dabei, die Trinkbecher, Pokale und Schalen der Gäste zu füllen. Er gibt auch Humpen aus, die ein „Stübchen" fassen. Das sind jedesmal knapp vier Liter! Zehn Männer helfen ihm beim Zapfen und Zutragen. Die Keller sind mit Bier- und Weinfässern reichlich gefüllt. Den Gästen mundet Mosel- und Rheinwein, das berühmte Einbecker Bier sowie edler „Gerstensaft" aus Stolberg, Wernigerode, Goslar, Torgau und Braunschweig.

Zwei Dudelsackpfeifer unterhalten die trinkfreudige Hochzeitsgesellschaft. Hans von Quedlinburg spielt auf der Schnarrorgel, einem alten Instrument, das die menschliche Stimme nachahmt. Aus Stolberg und Goslar sind mehrere Geiger erschienen. Trommelschläger, Pfeifer und Sänger wurden aus Eisleben und Quedlinburg herbeigerufen.

Als die Musikanten zum Tanz aufspielen, geht das Fest seinem Höhepunkt entgegen. Zwölf adlige Herren betreten mit hell lodernden Fackeln den Saal. Das Brautpaar vollzieht den Ehrentanz, um dann von den Fackelträgern und einigen ausgewählten Gästen zum Hochzeitsbett geführt zu werden. Symbolisch breitet man über die liegenden Brautleute eine Decke. Am Morgen nach dem ersten „Beilager“, wie die Hochzeit damals allgemein genannt wurde, überreicht Graf Wolfgang seiner Frau die im Ehevertrag vereinbarte „Morgengabe“ von tausend Gulden. Danach wird der so vollzogene Ehebund kirchlich eingesegnet.

Zwei Jahre lang hält sich Dorothea allerdings noch vorwiegend auf der väterlichen Burg Regenstein auf. Erst ab 1543 wohnt die nunmehr Siebzehnjährige als Gemahlin Graf Wolfgangs auf dessen Veste. 1544 zeigt der Donner der Wernigeröder Burggeschütze die Geburt eines Sohnes an. Aber bald nach der Taufe stirbt das Kind. Die erst neunzehnjährige Dorothea überlebt es nur um wenige Monate. Kurz darauf heiratet Graf Wolfgang erneut.

Barocke Prunkwiege (17. Jh.)

Diese aus Holz gefertigte, reich verzierte Wiege gehörte den Stolberger Grafen und steht heute im Wernigeröder Schloß.

Spurlos verschwand die Kaiserkrone?

Glaubt man der Sage, so erscheint in jeder Neujahrsnacht zur zwölften Stunde, wenn ein Jahr sich an das andere fügt, im alten Grundmauerwerk des Wernigeröder Schlosses ein kleines, vergittertes Fenster, das sonst nicht sichtbar ist. Nur Sonntagskindern glückt es manchmal, hineinzuschauen. Da liegt dann in einem engen Gewölbe auf der Purpurdecke eines schlichten Altars der goldene, edelsteingeschmückte Kronreif Kaiser Ottos II. Das Kleinod strahlt in wundersamem Glanz; es ist kein anderes Licht in dem geheimnisvollen Raum.

Wann, wie und wo diese Sage entstand, vermag heute niemand mehr zu sagen. Sicher aber ist: Die silbervergoldete und mit Edelsteinen besetzte Kaiserkrone befand sich vor über vierhundert Jahren tatsächlich einmal im Wernigeröder Schloß, vor fremdem Zugriff verwahrt und wohlbehütet. Verbürgt ist folgende Geschichte:

Gräfin Anna zu Stolberg-Wernigerode (1504–1574)

wurde bereits mit zwölf Jahren Äbtissin
des Quedlinburger Damenstifts.

Schloß und Kirche des Quedlinburger Stifts mit dem gegenüberliegenden Marienkloster
auf dem Münzenberg
(Zeichnung von Elise Crola um 1840)

Das weltliche Stift wurde im Jahre 936 gegründet, um hier Frauen und Mädchen aus dem
sächsischen Hochadel auszubilden und zu erziehen. Die ihm vorstehende Äbtissin war nur König
und Papst untergeben, sie residierte im Stiftsschloß. Verschiedene Könige und Kaiser des 10., 11. und 12. Jh.
weilten oft in Quedlinburg, hielten hier Reichstage ab und statteten das Stift mit vielen Ländereien,
Einkünften und Privilegien aus. 1477 mußte das Stift sich
der sächsischen Schutzherrschaft unterordnen.

Ende 1544 läßt Gräfin Anna, die Äbtissin des Quedlinburger Damenstifts, über hundert wertvolle Schmuckstücke, darunter jene Krone, heimlich aufs Schloß ihres Bruders Wolfgang nach Wernigerode bringen. Weshalb aber sieht sich die Äbtissin dazu veranlaßt? Die festen Stiftsmauern bieten Schutz genug. Es ist nicht bekannt, daß Diebe jemals in dessen „Zitter", die Schatzkammer im alten Kirchengewölbe, eindrangen. Doch Anna hat gute Gründe. Sie kennt die Geschichte des wertvollen Kronreifs und weiß, der mächtige Herzog Moritz von Sachsen will ihr schon seit langem den Besitz des Kleinods streitig machen.

Über fünf Jahrhunderte gehörte nämlich die Krone dem Quedlinburger Marienkloster. Erst mit der Auflösung dieses Klosters gelangten dessen Kostbarkeiten 1540 in Stiftsbesitz. Als aber Herzog Moritz, der über das Stift Quedlinburg die Schutzherrschaft ausübte, davon erfuhr, forderte er sogleich sein Mitverfügungsrecht über die Schätze. Daß er vor allem an der alten Krone interessiert war, schrieb Moritz unmißverständlich dem Kaiser: Sie müsse zum Nutzen des Landes von ihm „in fernere Verwahrung" genommen werden.

das Schlos

die Gräffliche Stadt Wernigeroda

Schloß und Stadt Wernigerode
(Kupferstich, Anfang 17. Jh.)

Seit Mitte des 16. Jh. ist nur noch vom Schloß Wernigerode die Rede. Nach dem Bauernkrieg verlor die Veste ihre militärische Bedeutung. Als Jagdquartier wurde sie zunehmend luxuriöser ausgebaut.

Sachsen nach der Teilung 1485

BRANDENBURG

Magdeburg

BRAUNSCHWEIG

Baruth

Goslar

Halberstadt

Wittenberg

Wernigerode

ABTEI Quedlinburg

Bernburg

Nieder-Lausitz

Finsterwalde

Stolberg

Torgau

Senftenberg

Nordhausen

Sangerhausen

Halle

Allstedt

Leipzig

Ober-Lausitz

BISTUM Merseburg

Wurzen

Mühlhausen

Meißen

Tennstedt

BISTUM Naumburg

Dresden

Eisenach

Erfurt

Weimar

Zeitz

Altenburg

Freiberg

Pirna

Gotha

Gera

Chemnitz

Zwickau

Blankenburg

Ranis

Annaberg

BISTUM WÜRZBURG

Suhl

REUSS

Plauen

BÖHMEN

BAYREUTH

Coburg

Albertinisches Sachsen (Herzog)

Ernestinisches Sachsen (Kurfürst)

Ernest- albert. Gemeinschaftsbesitz

unter albertinischer Schutzherrschaft

Kaiser Otto III. (980–1002),

umgeben von den weltlichen und geistlichen Würdenträgern seines Reiches. Nach einer alten Überlieferung schenkte er im Jahre 986 dem Quedlinburger Marienkloster die Kaiserkrone seines Vaters.

Anna durchschaute den verschlagenen und besonders machtbesessenen Fürsten. Die Äbtissin wies die Forderung des Schutzherrn zurück, dem sie über ihr Stiftsvermögen keine Rechenschaft schuldig sei. Der Kaiser schien ihr beizupflichten. Schließlich riß dem Herzog der Geduldsfaden. Er schickte eine Untersuchungskommission nach Quedlinburg. Sie sollte in seinem Namen „mit harten

47

Worten" Auskunft über den Schatz und Vorlegung desselben verlangen. Aber die herzoglichen Abgesandten klopften bei der energischen Äbtissin vergeblich an. Anna verweigerte ihnen den Empfang.

Um die Herausgabe der begehrten Kleinodien doch noch zu erzwingen, erschien bald darauf im Auftrag des Herzogs Hauptmann Georg von Dannenberg in Quedlinburg. Da sein gewaltsames Eingreifen zu befürchten war, tat eiliges Handeln not. Als Dannenberg für kurze Zeit außer Landes weilte, nutzte Anna entschlossen die Gunst des Augenblicks. In Wernigerode weiß sie nun den wertvollen Schatz, wenigstens vorübergehend, in Sicherheit.

Doch Herzog Moritz bleibt die Aktion nicht gänzlich verborgen. Am 5. Mai 1545 teilt er dem Kaiser mit, die Äbtissin habe die Stiftskleinodien an einem unbekannten Ort versteckt, über den sie jegliche Auskunft verweigere. Gewiß wäre das Geheimnis auch weiter gewahrt geblieben, hätte es nicht ein Verräter in den Wirren des bald darauf ausbrechenden Schmalkaldischen Krieges kundgetan.

In diesem Krieg bekämpfen sich seit Sommer 1546 evangelische und katholi-

Herzog Moritz von Sachsen (1521–1553)
(nach einem Holzschnitt von Lucas Cranach, um 1547)

Der Kaiser kam im Frühjahr 1547 Herzog Moritz im Kampf gegen Kurfürst Johann Friedrich zu Hilfe. Dieser erlitt am 24. April 1547 in der Schlacht bei Mühlberg an der Elbe eine vernichtende Niederlage. Johann Friedrich befand sich jahrelang in kaiserlicher Haft und mußte an Moritz die Kurwürde und große Teile seines Landes abtreten. Damit standen die Stolberger Grafen im Lehnsverhältnis zum sächsischen Kurfürsten. Kaum aber war Moritz Kurfürst, da schlug er sich ins evangelische Lager und zog gegen den Kaiser ins Feld. 1553 fand er in einer Schlacht den Tod.

ERNST. FRIEDRICH D. SANFTMUETHIGE. ALBRECHT

Kurfürst Friedrich „der Sanftmütige" von Sachsen (Mitte)
mit seinen Söhnen Ernst (links) und Albrecht

*Sachsen wurde 1485 zwischen den Brüdern Kurfürst Ernst („Ernestiner") und Herzog Albrecht
(„Albertiner") aufgeteilt. Im ernestinischen Sachsen mit den Städten Wittenberg, Eisenach und Weimar
regierte von 1532 bis 1547 Kurfürst Johann Friedrich. Im albertinischen Landesteil
herrschte seit 1541 Herzog Moritz. In seinem Gebiet lagen Städte wie Leipzig und Dresden.*

sche Fürsten. Der Kaiser unterstützt die Katholiken. Aber auch der evangelische
Herzog Moritz von Sachsen steht auf deren Seite, denn er möchte den Kurfürsten
von Sachsen, seinen ebenfalls evangelischen Vetter Johann Friedrich, politisch
entmachten und dessen Staatsgebiet besetzen. Zunächst jedoch werden die Truppen des Herzogs von Johann Friedrichs Soldaten geschlagen.

Als somit neuer Schutzherr der Quedlinburger Abtei erhält der siegreiche Kurfürst Anfang März 1547 einen Hinweis auf die von Anna versteckten Schätze. Die
Äbtissin habe, so schreibt ihm ein „vertrauter Mann", heimlich verschiedene
Kostbarkeiten bei ihrem Bruder in Wernigerode verborgen. Zuerst nennt dieser
einen Smaragd. Ein Magdeburger Juwelier schätzte den Wert jenes Edelsteins

Wilhelm von Oranien (1533–1584)

war der älteste Sohn der Gräfin Juliana von Nassau-Dillenburg, geb. Gräfin zu Stolberg-Wernigerode (1506–1580). Er kämpfte als siegreicher Heerführer auf seiten der Niederländer im Unabhängigkeitskampf gegen Spanien. Wilhelm erbte das Fürstentum Oranien. Er gilt als der Stammvater und Juliana als die Stammutter des späteren holländischen Königshauses, wo man die alte Kaiserkrone ebenfalls vergeblich suchte.

einmal auf fünfzigtausend Gulden. Dann kommt die kaiserliche Krone zur Sprache – „geachtet auf vil tausend Gulden", wie es im Brief heißt. Außerdem aufgeführt werden ein goldener Reliquienbehälter und zwei Zentner Silberbarren. Natürlich ist der Kurfürst daran interessiert. Johann Friedrich verlangt von Graf Wolfgang die Herausgabe des Schatzes. Doch der Schloßherr teilt lediglich mit, die Kostbarkeiten seien vor zwei Jahren für nur kurze Zeit in seiner Obhut gewesen. Wo sie sich augenblicklich befinden, wisse er nicht.

Über ihren Verbleib wurde in den folgenden Jahrhunderten sehr viel gerätselt. Erst 1930 fand sich in den Wernigeröder Schloßakten ein „Verzeichnis der Kleinodien so von Quedlinburg gen Dillenburgk" kamen. Demnach wurden die über hundert Wertsachen auf Schloß Dillenburg gebracht, wo Juliana von Nassau, eine Schwester der Äbtissin Anna und des Grafen Wolfgang, lebte. Hier lagen die Schätze sicher verborgen. Alle, die um ihren Verbleib wußten, haben die Jahre hindurch treu geschwiegen.

Die Stiftskleinodien, darunter der wertvolle Smaragd, gelangten bis 1610 nahezu vollständig von Dillenburg nach Quedlinburg zurück. Nur die alte Kaiserkrone fehlt in späteren Verzeichnissen. Was ist aus ihr geworden? Verschwand

50

sie spurlos? Die Hinweise über ihr weiteres und möglicherweise endgültiges Schicksal sind spärlich. Einige Forscher vermuten, die Krone sei verkauft worden. Wahrscheinlich ist sie für immer verloren. Aus ihrer wechselvollen Geschichte ging jedoch die eingangs erzählte Sage hervor. Vermutlich entstand sie vor 1930, als noch unbekannt war, daß der Stirnreif von Wernigerode nach Dillenburg kam. Doch warum eigentlich soll er nicht wieder in das Schloß am nördlichen Harzrand zurückgefunden haben? Möglicherweise um all jene zu verwirren, die ihn so gern besessen hätten. Vielleicht aber ruht die kostbare Krone noch heute versteckt im alten Schloßgemäuer?

„Buhlschaft" mit dem Teufel

Bereits über vier Wochen sitzen Mette Fliß und Anna Suprang im Kerker des Wernigeröder Schlosses. Beide Frauen stammen aus dem nahe gelegenen Dorf Drübeck. Es heißt, sie sollen als Hexen vom wahren Gottesglauben abgefallen sein und mit dem Satan unzüchtigen Umgang pflegen. Die Anklage jedenfalls wirft ihnen Zauberei und „Buhlschaft" mit dem Teufel vor.

Das Gefängnis befindet sich im „Neuen Haus", gleich rechts neben dem heutigen Haupteingang des Schlosses. Der dunkle Raum ist ein Ort des Grauens, feucht, kalt und schmutzig, voller Ungeziefer und mit dem Kot der Insassen angefüllt. Die Aufseher schlagen und verhöhnen die Frauen, denn alles, was ihnen im Kerker zustößt, gilt ohnehin als Werk des Teufels.

Der gräfliche Vogt und sein Amtsschreiber Matthias Queck wollten mehrmals „in Güte" von den Frauen erfahren, ob sie mit dem Teufel im Bunde stünden. Mette und Anna stritten es anfangs beharrlich ab. Zwar gab Mette an, daß sie bisweilen aus Kräutern Heilsäfte für kranke Kinder zubereite, mehr könne sie aber nicht aussagen. Beim weiteren Verhör wurden ihr dann Marterwerkzeuge gezeigt, und die Henkersknechte drohten, sie damit zu foltern. In ihrer Angst erzählte Mette eine erfundene Geschichte: Der Teufel sei kürzlich ins Schloßverlies gekommen. Er habe ihr ein Messer und einen Strick gebracht. Mit dem Messer sollte sie Anna Suprang umbringen, mit dem Strick sich selbst erhängen.

Wie die meisten Menschen, so glaubt auch Mette Fliß an die Existenz des Teufels und an dessen Verführungsabsichten. Sie weiß lediglich, daß sie selbst mit ihm noch nichts zu tun hatte. Vom Pfarrer hörte Mette, der Satan und seine Hel-

"Buhlschaft" mit dem Teufel
(Holzschnitt um 1400)

Der Teufel, der die unbescholtene Frau verführt, wird in vielerlei Gestalt beschrieben. Meist ist von
einem elegant gekleideten schönen Jüngling die Rede. Manchmal erscheint er auch als Jäger
im grünen Gewand oder als rußiger Köhler. In jedem Fall aber verrät er seine wahre Person durch einige
absonderliche Körpermerkmale wie Bock-, Pferde- oder Kuhfuß, Schwanz, Hörner und Krallen.

fer seien schuld an menschlichen Krankheiten, vor allem an Epidemien (Pest), am
Viehsterben, an Naturkatastrophen, Mißernten, unaufgeklärten Verbrechen und
Fehlgeburten.

Graf Wolfgang Ernst ordnet an, Mette Fliß „mit Schärfe" zu befragen. Am
16. April des Jahres 1583 wird sie dem Verhör „per torturam" unterworfen, das
heißt, es geschieht „mit Gewalt" der Folter.

Beim Anziehen der Daumenschrauben schreit Mette gellend auf. Doch durch
die dicken Mauern dringt kein Laut nach draußen – die Folterknechte verstehen
ihr Handwerk. Schnell stopfen sie der Frau einen Knebel, die sogenannte Birne,
in den Mund. Bereits am Vortag wurden ihr sämtliche Körperhaare abrasiert. Es
heißt, an behaarten Körperteilen sei eine Botschaft an den Teufel, zum Beispiel in
Form eines kleinen Zettels, gut zu verbergen. Außerdem suchten die Büttel Mette
sorgfältig nach „Hexenmalen" ab, die als äußere Zeichen der Teufelsbuhlschaft
angesehen werden. Angeblich bringt sie der Teufel den Hexen nach Abschluß des
Paktes selbst bei. Dafür kann aber schon jedes Muttermal, jeder kleine Pickel gelten. Ihr Vorhandensein und ihre Schmerzunempfindlichkeit seien „sichere
Beweise" der Schuld. Das ganze Verhör muß Mette Fliß splitternackt erleiden.

In einem eisernen Korb liegen glühende Kohlen. Die Henkersknechte machen darin Zangen heiß. Mit den glühenden Marterinstrumenten zwicken sie ihr Opfer, das auf der Folterbank den Quälereien nicht auszuweichen vermag. Die Frau verliert vor Schmerzen bald das Bewußtsein. Eiskaltes Wasser wird ihr ins Gesicht geschüttet. Die Prozedur wiederholt sich: Befragung, Folter, Ohnmacht, Wasserguß... Wer dabei nicht um den Verstand kommt, gibt irgendwann auf. Als Mette Fliß die Tortur nicht mehr aushält, sagt sie alles, was man von ihr hören will. Da der Vogt und sein Schreiber den „bösen Blick" der Hexe fürchten, muß ihnen die Angeklagte beim Verhör den Rücken zukehren.

Matthias Queck, der Schreiber, protokolliert das „Geständnis": Ja, der Teufel erschien ihr zum erstenmal vor vier Jahren „in grünen Kleidern als schöner junger Geselle" mit einem Kuh- und einem Menschenfuß. Ja, sie habe mit ihm dann häufig „zu schaffen gehabt". Ja, meistens trafen sie sich im Wald. Ja, von ihm bekam sie die Rezepte für allerlei Zaubergetränke. Ja, Luzifer gab ihr stets Geld, daraus sei aber immer „Pferdedreck" geworden. Ja, sie habe die Zukunft aus einer Kristallkugel vorhergesagt. Ja, dem Kind des Goldschmiedes schenkte sie einen

Titelblatt eines Flugblattes, das eine Hexenverbrennung in Derenburg
bei Wernigerode im Jahre 1555 beschreibt

Jede Frau konnte als Hexe angezeigt werden. Manchmal geschah es nur aus Mißgunst oder Eifersucht. Ein im Volk tief verwurzelter Aberglaube begünstigte den Hexenwahn. So galt z. B. der Brocken als Geisterberg, wo sich die Hexen mit dem Teufel heimlich treffen würden. In dem Flugblatt heißt es, „daß der Teufel sonderlich das weibliche Geschlecht, als schwächeres Werkzeug von Christo wegreiße". Das Vermögen „geständiger" Hexen beschlagnahmte der jeweilige Landesherr. Vom Teufelsspuk profitierten aber auch Justiz und Kirche, denn der Satan und seine Helfer waren ihnen bequeme Sündenböcke für allerlei wirkliche Übel dieser Welt. Selbst Kritik an der Kirche wurde als „teuflische Verführung" bestraft.

Apfel und sprach dazu die Zauberworte: „Heraus ihr Ratten und ihr Hunde, läh-
met diesem Kind seine Zunge, in aller Teufel Namen!" Ja, das Kind sei „so gequä-
let und gemartert worden, daß es daran gestorben". Ja und immer wieder ja...

Mette Fliß soll auch aussagen, mit welchen Nachbarinnen sie die Zauberei
betrieb. Von den Marterqualen körperlich gebrochen, nennt sie schließlich vier

Der „Obere Turm" (heute Wasmutsturm)

Der „Graue Turm" und der „Obere Turm" dienten den Grafen und der Stadt als Gefängnis. Um 1520
kam ein dritter Turm hinzu. Er hieß „Der Wolf" (abgerissen um 1670). – Hermann Wolf,
Bürgermeister von Wernigerode, soll die Einwohner der Stadt aufgewiegelt und betrogen haben.
Nach ihm erhielt der Turm seinen Namen. Wolf war hier eingekerkert; später wurde er
auf dem Galgenberg hingerichtet. Die zum Tode Verurteilten mußten vom Schlosse aus zu diesem Richtplatz
geführt werden. – Besonders schrecklich war ein fensterloses Verlies im Kerkerturm am „Neuen Haus"
(siehe Grundriß der Burg um 1520, S. 32), nur zugänglich über ein Loch in der Gewölbedecke.
Ein Chronist schrieb: „...mancher Klagelaut mag innerhalb seiner engen Mauern verhallt sein,
aus denen ein Entkommen unmöglich war". Durch den schmalen Mauerschlitz fiel kaum Licht hinein.
Auf einem Reitholz sitzend, mußten die Gefangenen am Seil hinabgelassen werden.
Die erbärmliche Kost wurde ihnen auf gleichem Wege zugereicht.

In einer Folterkammer
(Holzschnitt um 1550)

Gefoltert wurde meist im „Grauen Turm" (abgerissen um 1670). Er war mit zahlreichen
Marterwerkzeugen ausgestattet, darunter befanden sich: Daumenschrauben, Zangen, Körpergalgen,
„Halsgeigen", Teufelsmasken und eine „eiserne Jungfrau". – Gewöhnlich begann die Folter
mit „leichteren" Torturen: Anlegen von Daumenschrauben, die mehr und mehr angezogen wurden,
Stechen unter die Fingernägel, Anzünden von Schwefelfäden unter den Achseln und am Hals.
Gestanden die so Gemarterten dann immer noch nicht, wendete man drastischere Methoden an:
Emporziehen des Körpers an den Armen durch Winden, oft mit Gewichten an den Füßen,
oder Zwicken mit glühenden Zangen. Oder man legte dem Opfer eine zuvor erhitzte
Teufelsmaske *(siehe unten)* aufs Gesicht.

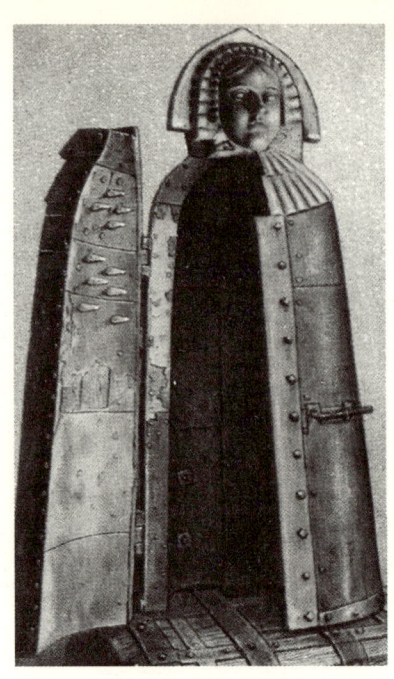

„Eiserne Jungfrau"
(Nachbildung, 19. Jh.)

*Dieses Tötungs- und Marterinstrument diente im 16. Jh. nur noch zur Abschreckung. Ursprünglich
war die „eiserne Jungfrau" ein senkrecht stehender Kasten mit zwei Flügeltüren. Auf ihm befand sich
der holzgeschnitzte Kopf einer Jungfrau. Die Türen wurden hinter dem Opfer gewaltsam geschlossen,
dabei durchbohrten innen angebrachte Messer dessen Körper. Ursprünglich sollen auf diese Weise
Sittlichkeitsverbrecher bestraft worden sein – symbolhaft durch die „Jungfrau" selbst.*

Frauen aus Drübeck. Die sechsundachtzig Jahre alte „Volkmannsche" sei aber
die „Oberste unter den Zauberischen" und lehre andere die Hexerei. Sie wird
sofort eingekerkert, ebenso Margarete Ludwig. Hier genügt der Vorwurf, sie habe
Luzifer zum Buhlen, also zum Liebhaber.

Die Häuser der Frauen werden sofort nach vermeintlichen „Hexenwerkzeu-
gen", wie Besenstielen und Salben, durchsucht. Ihren Besitz läßt der Graf
beschlagnahmen, sämtliche Gerichtskosten sind davon zu bestreiten. Alle
Frauen, auch Anna Suprang, gestehen unter der Folter den Teufelsbund.

Wer mit dem Satan paktiert, soll streng bestraft werden. So will es die Kirche,
da der Teufel ihr als Hauptfeind und Rivale Gottes gilt. Die „Kursächsische Kri-
minalordnung" von 1552 schreibt vor: „So jemands in Vergessung seines christlichen Glaubens mit dem Teufel ein Verbündnis aufrichtet, umgehet oder zu schaffen hat, daß dieselbige Person, ob sie gleich mit Zauberei niemand Schaden zuge-
fügt, mit dem Feuer vom Leben zum Tode gerichtet und gestraft werden soll."

Den vier Frauen droht der Tod auf dem Scheiterhaufen. Bis zum endgültigen Richterspruch vergehen jedoch viele Wochen, denn sämtliche Verhörprotokolle übergibt Graf Wolfgang Ernst dem Leipziger Schöffengericht zur Urteilsfindung. So wahrt er zumindest den Anschein von Rechtmäßigkeit, obwohl das Ergebnis absehbar ist. Dem Grafen wird es nach Wernigerode mitgeteilt: Wegen „begangener und bekannter Zaubereien" müssen die Frauen „nach Schärfe des Rechts mit dem Feuer zum Tode gestraft werden" – nur so sei die vom Teufel verführte menschliche Seele zu vernichten.

Die Hinrichtung hat ihr festes Zeremoniell. Ein Schinderkarren bringt am 17. Juli die vier angeblichen Hexen vom Schloßgefängnis zum Galgenberg. Der Wagen passiert an der heutigen „Schönen Ecke" das Burgtor und holpert die ganze Burgstraße hinunter. Dann biegt er links ein und erreicht bald den Markt. Immer wieder sind Schmährufe zu hören. Viele aufgeputschte Einwohner folgen dem Karren johlend durchs Westerntor zum Galgenberg. Hier liest der Richter noch einmal die Geständnisse und das Urteil vor.

Die Hexenverbrennung wird um der abschreckenden Wirkung willen als Volksschauspiel aufgezogen. Um die Sensationsgier der Menschen noch weiter anzustacheln, reißt der Henker den vier vermeintlichen Hexen sämtliche Kleidungsstücke vom Leib, bevor sie den qualvollen Tod auf dem Scheiterhaufen erleiden.

Noch fünfzig Jahre vergehen, ehe in Wernigerode Hexenprozesse nicht mehr stattfinden dürfen. Mindestens sechsundzwanzig Frauen sind es, die bis dahin diesem Wahn zum Opfer fallen. In anderen Teilen Deutschlands währt die Hexenjagd bis ins 18. Jahrhundert hinein.

Soldaten im Schloß

𝔄m 17. Januar 1626 – im achten Jahr des Dreißigjährigen Krieges – erscheint General Wallenstein vor den Toren Wernigerodes. Der kaiserliche Feldherr begehrt drohend Einlaß, denn ihm wurde berichtet, daß verschiedene Einwohner „in des Feindes Lager sich begeben und mit demselben konspirierten". Auch vom Schloßherrn heißt es, er unterstütze in dem seit 1618 währenden Krieg den Kampf gegen den Kaiser.

Zur Strafe will Wallenstein „Wernigerode in die Asche legen", also brandschatzen, und alle Bürger mit „Weib und Kind niederhauen lassen".

Graf Christoph bittet den Feldherrn um Schonung der Stadt. Wallenstein läßt von ihr ab, aber seine Soldaten besetzen Wernigerode und plündern dort ohne jede Rücksicht. Es gilt der Spruch: Der Krieg muß den Krieg ernähren!

Das Schloß wird zur Garnison. Die über hundertdreißig hier einrückenden Musketiere befehligt der Obristwachtmeister Vitus Robertus, ein Irländer. Sämtliche Räume und Gewölbe werden aufgebrochen und nach Wertsachen durchsucht. Dem Grafen verbleiben nur wenige Wohnstuben.

Wernigerodes Bürger müssen die Garnison versorgen. Sofort sind dreihundert Brote, zehn Faß Bier sowie Strohsäcke, Decken, Bettlaken, Hafer und Stroh aufs Schloß zu bringen. Jeder Musketier hat Anspruch auf einen festen Verpflegungssatz. Täglich erhält er von der Stadt zwei Pfund Brot, anderthalb Pfund Fleisch und ein halbes „Stübchen" (2 Liter) Bier. Für die Fleischversorgung ist jeden Tag eine Kuh zu schlachten. Stets muß die Tafel des Obristwachtmeisters mit Wein, gutem Bier, Geflügel, Rind- und Hammelfleisch, Eiern, Butter und Käse gedeckt sein.

Im August des Jahres soll Wernigerode eine Kriegssteuer von 1 256 Talern aufbringen. Da die Stadt zunächst nicht zahlen kann, will Vitus Robertus ihre Ratsherren auf dem Schloß festsetzen. Doch schließlich kommt das Geld zusammen.

Schloß Wernigerode gilt als wichtige Grenzfestung des Kurfürstentums Brandenburg zum Herzogtum Braunschweig und zum Bistum Halberstadt. Im Braunschweigischen, unweit der Grenze, steht Ende August eine Entscheidungsschlacht bevor. Alle Geschütze werden in Stellung gebracht, die schadhaften muß der Büchsenmeister reparieren.

Eine der Feldschlangen trägt die Aufschrift: „Schöne Treiberin heis ich". Bereits während des Bauernkrieges stand diese prächtige Kanone auf dem Burgwall. Aber am 28. August feuert sie nur „etliche Freudenschüsse" ab, denn tags zuvor besiegte der kaiserliche General Tilly das Heer des Dänenkönigs bei Lutter am Barrenberg im Braunschweigischen, nahe der Wernigeröder Veste. Als einige Zeit später General Wallenstein dazu noch Mecklenburg erobert, beherrscht Kaiser Ferdinand II. einen großen Teil Norddeutschlands.

Am Nachmittag des 17. September befiehlt Robertus plötzlich den Abtransport der „Schönen Treiberin" nach Halberstadt. Oberst Altringer, sein Vorgesetzter, hatte während eines Besuches auf dem Schloß an dem kostbaren Geschütz Gefallen gefunden. Die verlockende Kriegsbeute ist immerhin 1 500 Reichstaler wert. Zwölf Pferde ziehen die „Schöne Treiberin" nach Halberstadt, begleitet von siebzig Musketieren.

Doch der Schloßherr protestiert sofort. Ein Eilbote reitet zu Wallenstein. In seinem Schreiben betont Graf Christoph, diese Kanone sei alter Familienbesitz und für die Verteidigung der wichtigen Wernigeröder Garnison unentbehrlich.

Unklar bleibt, ob der Eilbote einen Gegenbefehl Wallensteins erwirkt, tatsäch-

Im bluhen Bader liegt zerfleischt das deutsche Land, verkauft den Kinden ist des Reiches Ehre
Verzweiflung folgt deß Spuren, der das Wort erfand unsel gar läßt daß Krieg den Krieg ernähre

Graf Christoph (1567–1638) trifft am 18. Januar 1626
mit Albrecht von Wallenstein (1583–1634) zusammen
(Darstellung auf ehemaligem Buntglasfenster im Wernigeröder Ratskeller, eingebaut 1890)

*Im Dreißigjährigen Krieg standen sich verschiedene Bündnisse katholischer und protestantischer
Fürsten gegenüber. Es ging weniger um religiöse Streitfragen, vielmehr um die politische
Vorherrschaft in Europa. Wallenstein war der erfolgreichste Feldherr Kaiser Ferdinands II.
Dänemarks protestantischer König wollte – ermuntert von England und Frankreich – dessen
Machtausdehnung auf Norddeutschland verhindern. Er scheiterte, und der Kaiser ernannte den
siegreichen Wallenstein zum Herzog von Mecklenburg. – 1630 griff Schweden in den Krieg ein, das
die uneingeschränkte Herrschaft an der Ostseeküste zu erringen strebte. Seine zunächst siegreichen
Truppen wurden im November 1632 von einem kaiserlichen Heer unter Wallenstein geschlagen. Als
aber dieser Feldherr den Krieg durch Verhandlungen zu beenden suchte, ließ ihn der Kaiser ermorden. –
Graf Christoph unterstützte zunächst den Kampf gegen den Kaiser. Nach der
schwedischen Niederlage schlug er sich auf seiten des Kurfürsten von Sachsen, seines Lehnsherrn, ins
katholische Lager. Es geschah, obwohl Graf und Kurfürst Protestanten waren. Zwischen den beiden
Söhnen des Grafen wurde 1645 eine Erbteilung beschlossen. Der eine erhielt die Grafschaft
Wernigerode, wohnte aber in Ilsenburg und führte den Titel Graf zu Stolberg-Wernigerode. Der
andere bekam die Grafschaft Stolberg und nannte sich Graf zu Stolberg-Stolberg.*

lich aber bringt Robertus „das große Geschütz" umgehend zurück. Am 24. September steht es wieder auf dem Schloßwall.

In diesen Tagen erkranken mehrere Garnisonssoldaten an der Pest. Der schwarzblauen Hautflecken wegen wird sie „schwarzer Tod" genannt.

„Schöne Treiberin" auf der Schloßterrasse

Es war üblich, Geschütze zu „taufen", meist mit Tier- oder Frauennamen. Diese Kanone,
„Schöne Treiberin" genannt, wiegt 1 050 kg und verfügt über eine Visiereinrichtung.
Das Bodenstück läuft in einem plastisch gestalteten Löwenkopf aus. Das Rohr mißt 3,60 m.
Es ist reich verziert durch umlaufende Ornament- und Spruchbänder sowie durch das sächsische und
stolbergische Wappen. Eine Inschrift besagt, daß der albertinische Herzog Georg von Sachsen diese Feldschlange
dem Grafen Botho zu Stolberg-Wernigerode im Jahre 1521 zum Geschenk machte. –
Die „Schlangen" (der Name kommt in Deutschland seit etwa 1440 vor) zeichneten sich durch geringes
Kaliber und einen besonders langen, schlanken Lauf aus, der eine erhöhte Treffsicherheit ermöglichte.
Sie wurden – deshalb der Name – oft „im Felde" eingesetzt. Mit den zwischen 4 und 10 kg
schweren Metallkugeln konnte auf Ziele bis in 300 m Entfernung geschossen werden.

Hye nachuolget vonn Büchsen geschoß / Puluer /
Fewerwerck / wie man sich darmit auß ainer Statt / Feste / oder
Schloß / so von Feynden belägeret wer / erretten / Auch sich
der Feind darmit erwören möchte.

Büchsenmeister
(Holzschnitt, 16. Jh.)

Einen Büchsenmeister gab es auf der Wernigeröder Burg seit Anfang des 16. Jh. Er mußte die
Geschütze bedienen, sämtliche Schußwaffen in Ordnung halten, Kugeln für die Hakenbüchsen
gießen und in der Pulvermühle Schießpulver herstellen, das im Pulverturm verwahrt wurde.
Das „Büchsenhaus" befand sich im äußeren Graben.

Graf Christoph verläßt eiligst die Veste. Er begibt sich auf seine hessischen
Besitzungen bei Gedern und kehrt nicht wieder nach Wernigerode zurück, wo bis
zum Jahresende über tausend Menschen an der Pest sterben, nahezu jeder zweite
Bewohner fällt ihr zum Opfer.

Anfang November zieht der verhaßte Obristwachtmeister Vitus Robertus mit
seinen Musketieren ab. Anschließend nimmt ein Hauptmann mit dreiundzwan-
zig Soldaten auf dem Schloß Quartier. Um die wertvollen Geschütze künftig den
Augen beutegieriger Feinde zu entziehen, werden zwei von ihnen noch 1626 ver-
graben. Auch die „Schöne Treiberin" gehört dazu.

Das weitgehend unbewohnte Schloß verfällt im Laufe der Jahre zusehends.
Zuweilen dienen seine Gemächer als Kornlager, viele Fenster sind mit Brettern
vernagelt. Immer wieder rücken neue Garnisonsbesatzungen an. Nach den kaiserlichen Truppen quartieren sich 1632 schwedische Soldaten auf dem Schloß ein.

61

Auch sie führen Krieg auf eigene Faust, stehlen, wonach ihnen gelüstet – zum Leid und Schrecken der Bewohner.

Oft lebt die Landbevölkerung der Grafschaft wochenlang mit allem Vieh und Gerät in den Wäldern versteckt, nur um das nackte Leben zu retten. Die Bauern trauen sich nicht mehr auf ihre Felder. Es mangelt ohnehin an Saatgut, und die brachliegenden Äcker überwuchern mit Unkraut. Viele Forsten sind verwüstet; ihr Wildbestand wird mehr und mehr fast vernichtet, nur Wölfe gibt es wieder in Scharen. Zudem machen Räuberbanden von ihren Schlupfwinkeln aus die Wege und Landstraßen unsicher.

Am Morgen des 12. Mai 1641 besetzt umherziehendes Kriegsvolk gewaltsam zwei Wernigeröder Stadttore. Die Soldaten plündern das Pfarrhaus der Sylvestrikirche, brechen in mehrere Bürgerhäuser und in die Johanniskirche ein, zerschlagen Mobiliar, rauben Geld und Gut. Manchem Bewohner werden die Schuhe von den Füßen gerissen, andere müssen sich bis aufs Hemd ausziehen. Einem Ratsherrn legen die Eindringlinge sogar Daumenschrauben an, um ihn so zu zwingen, seine versteckten Wertsachen herauszugeben.

Viele Frauen und Kinder suchen, mitsamt ihrer Habe flüchtend, auf dem leerstehenden Schloß Schutz. Etliche Männer greifen zur Waffe. Unterstützt von dänischen Musketieren, die derzeit in Wernigerode stationiert sind, geben sie „tapfer Feuer" auf die Räuberbande. Auch von der sicheren Veste herab beschießen zornige Bürger die Plünderer mit schweren Hakenbüchsen, auf daß „sie endlich weichen müssen".

Aber Überfälle, Kriegssteuern, Einquartierungen und Erpressungen dauern an bis zum Jahr 1648, das den lang ersehnten Frieden bringt. Doch erst im Oktober 1649 wird Schloß Wernigerode von schwedischer Besatzung frei.

Die zwei vergrabenen Geschütze sind über die Kriegswirren hinweg in Vergessenheit geraten. Rein zufällig werden sie am 26. September 1864 bei Bauarbeiten entdeckt. Der Fund ist ein sensationelles Ereignis. Denn niemand der Grafenfamilie hat noch damit gerechnet, daß die verloren geglaubte kostbare Feldschlange wieder auftauchen würde. Seither steht die „Schöne Treiberin" als Prunkstück auf der großen Freiterrasse des Wernigeröder Schlosses.

Das Barockschloß Wernigerode um 1850

(siehe S. 63)

Nach dem Dreißigjährigen Krieg ließen die Grafen ihr Schloß im barocken Stil umbauen. Verschiedene Wehranlagen, der „Graue Turm" und der „Obere Turm" wurden abgerissen. Endgültig verlor das Schloß seinen alten Festungscharakter.

Eine „Wasserreise" zum Schloßhof

Auf halber Höhe des Aufstiegs zum Wer-
nigeröder Schloß sprudelt aus dem Berg eine Quelle, die im Volksmund „Forellenbrunnen" heißt. Sie wird so genannt, weil den Schlußstein ihrer steinernen
Einfassung eine Forelle schmückt. Der Sage nach soll sie ein Überbleibsel der
ersten Schloßwasserleitung sein, die einst ein Brunnenbauer, der mit dem Teufel
im Bunde stand, angelegt habe. Und das kam, wie erzählt wird, so:

63

Barockes Fensterportal im Innenhof des Wernigeröder Schlosses

Vor langer Zeit beauftragte ein Wernigeröder Graf den geschicktesten Brunnenbauer der Stadt, sein Schloß mit einer Wasserleitung zu versehen. Es war dem Schloßherrn leid, das Wasser täglich den Berg hinaufbringen zu lassen. Der Brunnenbauer begann voller Eifer mit der Arbeit. Beim Verlegen der hölzernen Rohre stieß er jedoch immer wieder auf Hindernisse. Ständig war ihm festes Gestein im Wege. Da klagte der verzweifelte Mann dem Teufel sein Leid. Dieser versprach Hilfe, forderte aber als Lohn die Seele des Handwerkers. Die beiden wurden handelseinig. Schnell ging Luzifer ans Werk, und bald waren alle Rohre im Boden. Daraufhin meinte der Meister verschmitzt, vom lieben Gott werde dem Teufel die nützliche Arbeit ganz gewiß vergolten. Der so Überlistete zerstörte wutentbrannt die Wasserleitung und verschwand. Doch der Brunnenbauer hatte ihm bei der Arbeit aufmerksam zugesehen und fühlte sich nun imstande, den gräflichen Auftrag zu erfüllen. Er begann das schwierige Unterfangen von neuem, und diesmal gelang es.

So endet die Sage. Wann sie entstand, weiß keiner zu sagen. Fest steht: Im Jahre 1717, nach mehreren vergeblichen Versuchen, wird der komplizierte Bau einer Wasserleitung tatsächlich begonnen. Seit 1710 ist das Barockschloß nämlich ständiger Grafenwohnsitz und das Bedürfnis nach Bequemlichkeit erheblich gestiegen. Früher hingegen waren die Burgherren schon froh, über ausreichendes Brunnenwasser zu verfügen. Was hätte ihnen ein von außen kommender Zufluß genutzt, da dieser durch anstürmende Feinde leicht zerstört werden konnte. Doch eine Belagerung des Schlosses ist nun kaum noch zu befürchten. Die ehemalige Veste hat keine militärische Bedeutung mehr, sie dient einzig als gräfliche Residenz.

Für den erhöhten Wasserbedarf auf dem Schloß ist der alte, knapp neunzig Meter tiefe Brunnen nicht ergiebig genug. Acht Minuten dauert das Aufwinden eines einzigen Schöpfeimers. Und wie mühsam, zeitraubend ist erst der Wassertransport! Mit Eseln muß es vom „Hundsbrunnen" am Fuße des Schloßberges herbeigeschafft werden. Mehrmals täglich traben die geduldigen Tiere, mit schweren wassergefüllten Ledersäcken auf dem Rücken, zum Schloß hinauf.

Allerdings gehört viel Geschick dazu, eine solche Wasserleitung, einst „Wasser-

Forellenbrunnen am Schloßberg (gebaut 1875)
─────────

Der alte Burgbrunnen befand sich hinter der Wallmauer, an der Nordseite der Wernigeröder Veste (siehe Grundriß der Burg um 1520, S.32). Ein Brunnenhaus schützte den Schacht vor Verschmutzung. Das Schöpfen des Wassers beaufsichtigte der „Bornzieher". Es erfolgte mittels eines Tretrades, das drei frondienstpflichtige Männer, darin laufend, bewegten. Da das Wasser des Burgbrunnens versiegte, ließ der Graf ihn im Jahre 1757 zuschütten.

reise" genannt, zu installieren. Für ihren aufwendigen Bau hat der Schloßherr die tüchtigsten Handwerker eingestellt. Zunächst muß der Röhrenbohrer die notwendigen Holzrohre anfertigen. Von der sorgfältigen Arbeit dieses Handwerkers hängt es ab, ob das kostbare Naß während seiner langen Reise nicht irgendwo wieder im Erdreich versickert. Dann verlegt der Brunnenbauer, Stück für Stück aneinandergefügt, die hölzernen Rohre, die später durch tönerne und eiserne erneuert werden. Das bergige Gelände bereitet ihm allerhand Schwierigkeiten, wovon auch die Sage erzählt.

1730 ist der Bau der „Wasserreise" vollendet. In unendlichen Windungen führt die Leitung das Wasser von einer Quelle am Hartenberg bei Elbingerode den heutigen „Anna-Weg" entlang bis zum Innenhof des Schlosses. Auf dem Agnesberg wird 1875 ein Hochwasserbehälter errichtet sowie der hübsche Forellenbrunnen angelegt, der bis in unsere Tage kristallklares und wohlschmeckendes Wasser aus der gleichen Quelle spendet. Wohl so mancher Schloßbesucher hat an dieser Stelle schon seinen Durst gestillt.

„Lange Kerls" für den Soldatenkönig

Das Dorf Langeln liegt in der Grafschaft Wernigerode. In seiner Schenke zechen am 25. April 1706 elf junge Männer. Ein Hut macht die Runde, aus dem jeder ein Los zieht. Die Bauermeister, Angehörige und Nachbarn schauen dem Treiben gespannt zu. Da es gilt, durch Glücksspiel zwei Rekruten für die preußische Armee zu bestimmen, ist die Stimmung trotz der zehn Kannen Bier, die die Burschen auf Gemeindekosten leeren, keineswegs heiter. Zu Hause auf dem Bauernhof werden die Söhne dringend gebraucht, und oft dauert es viele Jahre, bis die Soldaten entlassen werden. Mancher von ihnen kehrt gar nicht wieder heim. Das Los entscheidet: Diesmal müssen Hans Siemon und Valtin Vesterling Soldat werden. Ausgestattet mit dreißig Talern Handgeld, bringt sie ein Unteroffizier, begleitet von den Bauermeistern, auf die benachbarte preußische Festung Regenstein.

Erst seit fünf Jahren ist der Staat Brandenburg-Preußen ein Königreich. Im Ergebnis des Dreißigjährigen Krieges fielen ihm das ehemalige Bistum Halberstadt und das Erzbistum Magdeburg zu. Nachbarorte Wernigerodes wie Deren-

Graf Christian Ernst (1691–1771)
zusammen mit seiner Frau und drei Enkeln im Jahre 1747
(Ölgemälde von Johann Georg Getell)

*Dieser Graf regierte als „aufgeklärter" Feudalherr. Er gründete ein Waisenhaus und eine Schule
für Waisen- und Armenkinder, förderte das Schulwesen und machte 1746 seine Bibliothek
(30 000 Bände) der Öffentlichkeit zugänglich. Bekannte Dichter, wie der in Halberstadt lebende
Ludwig Gleim (1719–1803), waren auf seinem Wernigeröder Schloß gern gesehene Gäste.*

burg und Benneckenstein wurden damit preußisch, und nachdrücklicher als früher übt der König jetzt auch seine Lehnsherrschaft über die Grafschaft Wernigerode aus. Wernigerode muß die Akzise erheben und an die Generalkasse des Preußischen Staates abführen. Die Bauern sind zur Zahlung hoher Steuern verpflichtet. Der Graf trägt dazu keinen Groschen bei, denn Steuerfreiheit ist ein Privileg des Adels. Er aber soll sich dem König in Berlin unterwerfen, ihn als obersten Landesherrn anerkennen.

Immer häufiger werden in seiner Grafschaft preußische Truppen einquartiert. Für das ständig größer werdende stehende Heer Preußens hat der Schloßherr alljährlich Soldaten zu stellen. Die Auswahl der Rekruten durch das Los ist grundsätzlich üblich. Wer sich vom Militärdienst freikaufen will, muß fünfzig Taler Ersatzgeld aufbringen. Das aber können nur wenige. Zu dieser Zeit verdient zum

Lustgarten mit Orangerie (rechts) um 1900

Nach dem Vorbild des Schlosses Kopenhagen ließ Christian Ernst einen Lustgarten mit Orangerie und kleineren Gartenhäusern anlegen. Dort wuchsen zahlreiche seltene ausländische Bäume. Im Orangeriegebäude befand sich seit 1826 die später weltbekannte Bibliothek der Grafen. 1920 umfaßte ihr Bestand 125 903 Bände, darunter waren viele wertvolle alte Handschriften und Drucke, Bibeln und Gesangbücher.

Beispiel ein Gärtnergeselle in Wernigerode jährlich nur zwanzig Taler. Eine gute Milchkuh ist immerhin zehn, zwölf, manchmal auch fünfzehn Taler wert. Und dreißig Taler sind in etwa der Lohn eines Knechts für zwei Jahre.

Im Jahre 1713 besteigt König Friedrich Wilhelm I. den preußischen Thron. Sofort ordnet er eine beträchtliche Verstärkung des Heeres an. Bald verfügt Preußen über eine der schlagkräftigsten Armeen Europas, für die Friedrich Wilhelm überall im Lande ständig Soldaten ausheben läßt. Aus sehr großen Rekruten schafft er sich eine Leibgarde, deren Garnison sich in Potsdam befindet.

Der König nennt diese Gardisten „lange Kerls". Keiner von ihnen mißt weniger als sechs Fuß – nach heutigem Maß fast 1,90 Meter. Für die damalige Zeit ist dies eine außergewöhnliche Körperlänge. Des Königs Vorliebe für „lange Kerls" hat aber auch einen militärischen Grund: Solche Soldaten können mit ihren langen Armen die Vorderlader schneller bedienen, zumal ein langer Lauf die Treffsicherheit des Gewehrs erhöht.

Für die Beschaffung seiner „Riesen" ist dem Monarchen jedes Mittel recht, und die Soldatenwerber verstehen sich auf die Marotte ihres Königs. Auf „lange Kerls" haben sie ein besonderes Auge, denn für diese Rekruten bezahlt sie Preu-

Der „Soldatenkönig" Friedrich Wilhelm I. (1688–1740)

*brachte während seiner Regierungszeit die Grafschaft Wernigerode
unter preußische Landeshoheit.*

ßens „Soldatenkönig" sehr großzügig. Auch in der Grafschaft Wernigerode halten
die Werber nach ihnen Ausschau. So kommt es, daß viele Eltern starkes Wachs-
tum ihrer Jungen als ein Unglück für die Familie betrachten.

Den Söhnen armer Bauern versprechen die Werber ein Leben voller Aben-
teuer, befreit von anstrengender Feldarbeit und Frondienst für den Grafen. Stets
würden in den Taschen der Soldaten die Taler munter klimpern. So angelockt,
werden viele Burschen bei Bier, Branntwein und Würfelspiel von ihnen überlistet.
Haben sie erst das Handgeld angenommen, sind sie zu einem jahrelangen Söld-
nerdasein verpflichtet. Aber in der preußischen Armee herrscht Kadavergehor-
sam. Mit dem Stock wird den Soldaten eingebleut, allen Befehlen der Vorgesetz-
ten blindlings zu gehorchen.

Ist der Alkoholrausch verflogen, versuchen so manche der Angeworbenen, diesem Schicksal zu entrinnen. Einigen gelingt die Flucht ins nahe Braunschweiger
Land, andere verstecken sich tagelang. Um ihrer habhaft zu werden, dringen
Rekrutierungskommandos gewaltsam in Häuser ein. So geschieht es auch in Wernigerode: Eines Nachts ziehen preußische Werber durch die Stadt, ein Soldat im
roten Rock geht dem Trupp voran. Mit der Axt schlägt er die Türen jener Woh-

nungen ein, in denen sich möglicherweise angeworbene junge Männer verbergen.

Graf Christian Ernst zu Stolberg-Wernigerode ist mit Preußens König gut befreundet. Häufig gehört er zu den ausgewählten Gästen in Friedrich Wilhelms berühmtem Tabakskollegium. Vom Monarchen immer wieder gedrängt, beugt sich der Graf im Jahre 1714 dem übermächtigen politischen Druck. Am 19. Mai schließt er mit dem „Soldatenkönig" einen Vertrag ab. Seine Grafschaft Wernigerode wird dem Staat Brandenburg-Preußen angegliedert.

Von nun an kommen alljährlich im Frühjahr die preußischen Soldatenwerber ganz offiziell hierher. Den Offizier begleiten meist mehrere Soldaten und ein Wachtmeister. Alle jungen Männer müssen sich in einer Gastwirtschaft des Ortes zur Musterung einfinden. Wie überall im Königreich, so werden ab 1720 auch in

Titelblatt des am 19. Mai 1714 abgeschlossenen Vertrages mit Preußen

*Christian Ernst verzichtete zugunsten des preußischen Königs auf die Territorialoberhoheit
in seiner Grafschaft. Ihm verblieb eine eigene Regierung, der Besitz an Land, Forsten, Mühlen,
Bergwerken, Hütten, die „Fräuleinsteuer", das Münzrecht und die Zivil- und Kriminalgerichtsbarkeit.
Preußens Gesetze hatten fortan in der Grafschaft unmittelbare Rechtskraft.*

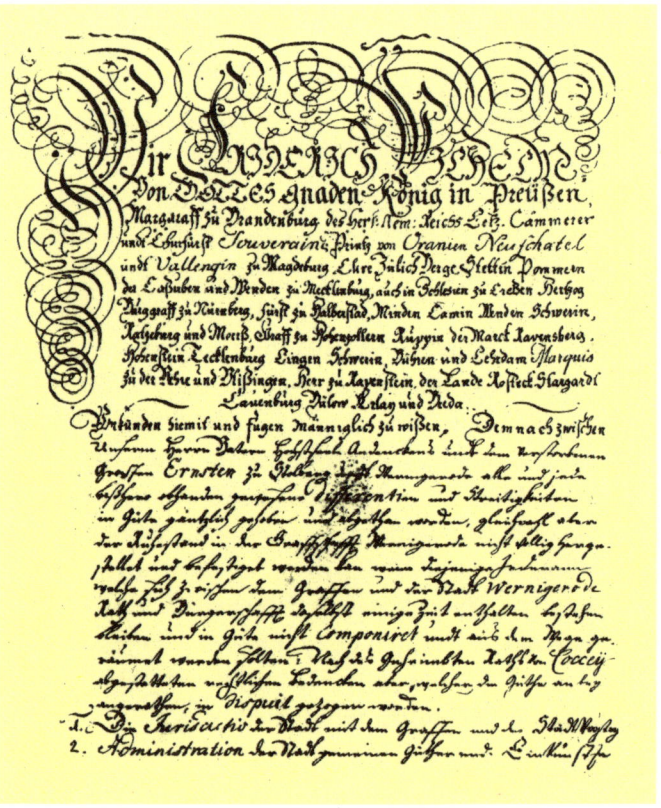

Ein Offizier (links) und zwei Soldaten der „Riesengarde",
im Hintergrund das Tabakskollegium zu Potsdam auf einer Insel im Faulen See
(Farbzeichnung von Richard Knötel)

Die „langen Kerls" der königlichen Leibgarde kamen aus den verschiedensten Ländern.
So bedankte sich der russische Zar für Geschenke des „Soldatenkönigs" durch alljährliche Lieferungen
solcher „Riesen" nach Preußen. Im Jahre 1720 trat Friedrich Wilhelm I. den Holländern Kolonien
und Stützpunkte in Westafrika ab. Es geschah im Austausch gegen zwölf baumlange Neger
nebst einem Aufgeld von 7650 Talern! – Das Regiment mit seinen dreitausend Mann
kostete jährlich 300 000 Taler, eine Summe, die sonst für 100 000 Soldaten ausreichte.
Insgesamt wurden während der Regierungszeit Friedrich Wilhelms I. etwa
70 Prozent aller Staatseinnahmen für die Armee verwendet.

der Grafschaft bereits die Namen der zehnjährigen Jungen vom rekrutierenden
Regiment auf Papierrollen listenmäßig erfaßt. Das erleichtert eine Kontrolle dieser „Enrollierten" bei späteren Musterungen. Die Knaben erhalten einen Hutbü-
schel in der Farbe des Truppenteils oder eine rote Halsbinde. So sind sie vor
gewaltsamer Rekrutierung durch andere Regimenter sicher.

Schon 1714, als einige Burschen sich dem Wehrdienst entziehen, läßt der Graf
durch Anschlag bekanntmachen, daß „jeder Vater seinen Sohn binnen 3 Monaten zur Stelle zu schaffen hat", geschähe es nicht, „so soll derselbe für infam
erklärt und sein Name an den Galgen geschlagen werden, und wenn er getroffen
wird, bei Leib und Leben als Deserteur bestraft werden".

Wer einen entwichenen Dienstpflichtigen aufspürt und ergreift, erhält zur
Belohnung fünfundzwanzig Taler. Dem Musterungsoffizier obliegt dann die Ent-
scheidung, ob er ihn als Deserteur behandelt oder nicht. Doch der ist meist vor

Schwarzer Adlerorden

Am 18. Januar 1701 krönte sich Kurfürst Friedrich III. von Brandenburg, der auch Herzog von Preußen war, in Königsberg selbst zum preußischen König. Für seinen Gesamtstaat Brandenburg-Preußen bürgerte sich die alleinige Bezeichnung „Preußen" ein. Der anläßlich dieser Krönung gestiftete Schwarze Adlerorden war die höchste preußische Auszeichnung.

allem daran interessiert, möglichst viele Soldaten für den Kriegsdienst zu dingen. Ein toter Rekrut kann nicht mehr für Preußen kämpfen. Deshalb droht Deserteuren – im Gegensatz zu anderen Ländern – erst im Wiederholungsfall die Todesstrafe. Es entsteht daraus die Redensart: „So schnell schießen die Preußen nicht."

Deserteure müssen Spießruten laufen. Manchmal treibt man sie mehrmals hintereinander „durch die Gasse", und die sie bildenden Soldaten dreschen mit den Ladestöcken ihrer Gewehre auf die nackten Körper ein. Während der Regierungszeit Friedrich Wilhelms I. desertieren 30 216 Mann.

Graf Christian Ernst unterstützt die Vorliebe des Königs für „lange Kerls". Aus den eigenen Landen oder wenn er auf Reisen ist, beschafft ihm der Graf manchen sechs Fuß großen Rekruten. Einmal schreibt Christian Ernst aus Altona nach Hause: „Ich habe einen Rekruten für das Marwitzsche Regiment erhalten, so recht wohl aussieht, da ich ihn aber nur einen Augenblick gesprochen, so weiß ich seine eigentliche Größe nicht."

Im Mai 1736 bittet der Graf von Isenburg-Birstein – auf dem Umweg über den Wernigeröder Schloßherrn – den „Soldatenkönig" um den Schwarzen Adlerorden für seinen Sohn. Als Gegenleistung wolle er einen „sechs Fuß langen Kerl" stellen. Aber der „Soldatenkönig" läßt Christian Ernst wissen, für Preußens höchsten Orden müsse er schon zwei „lange Kerls" bekommen. Der Wernigeröder Graf vermittelt den Handel. Friedrich Wilhelm I. ist letztlich damit einverstanden, daß der zweite Rekrut innerhalb der nächsten beiden Jahre einrückt, und der Sohn des Grafen von Isenburg-Birstein erhält den Orden.

Der Wolf ist tot!

$\mathfrak{A}$ls Jäger im Juli 1797 in der Nähe des Brockens die Spur eines Wolfes entdecken, ist die Überraschung groß. Seit 1753 war in dieser Gegend kein Wolf mehr erschienen. Aber bald verliert sich seine Fährte, und erst im Frühjahr des folgenden Jahres verrät ihn die Spur im Schnee wieder.

Forstmeister von Hagen findet Reste zerrissenen Wildes. Der Wolf fällt offensichtlich über Rehe her. Sofort beginnt eine dreitägige Treibjagd, doch sie bleibt erfolglos. Das Raubtier ist unauffindbar.

Da wird am Pfortenberg, nahe dem gräflichen Jagdhaus Plessenburg, am Mor-

Grafschaft Wernigerode um 1800

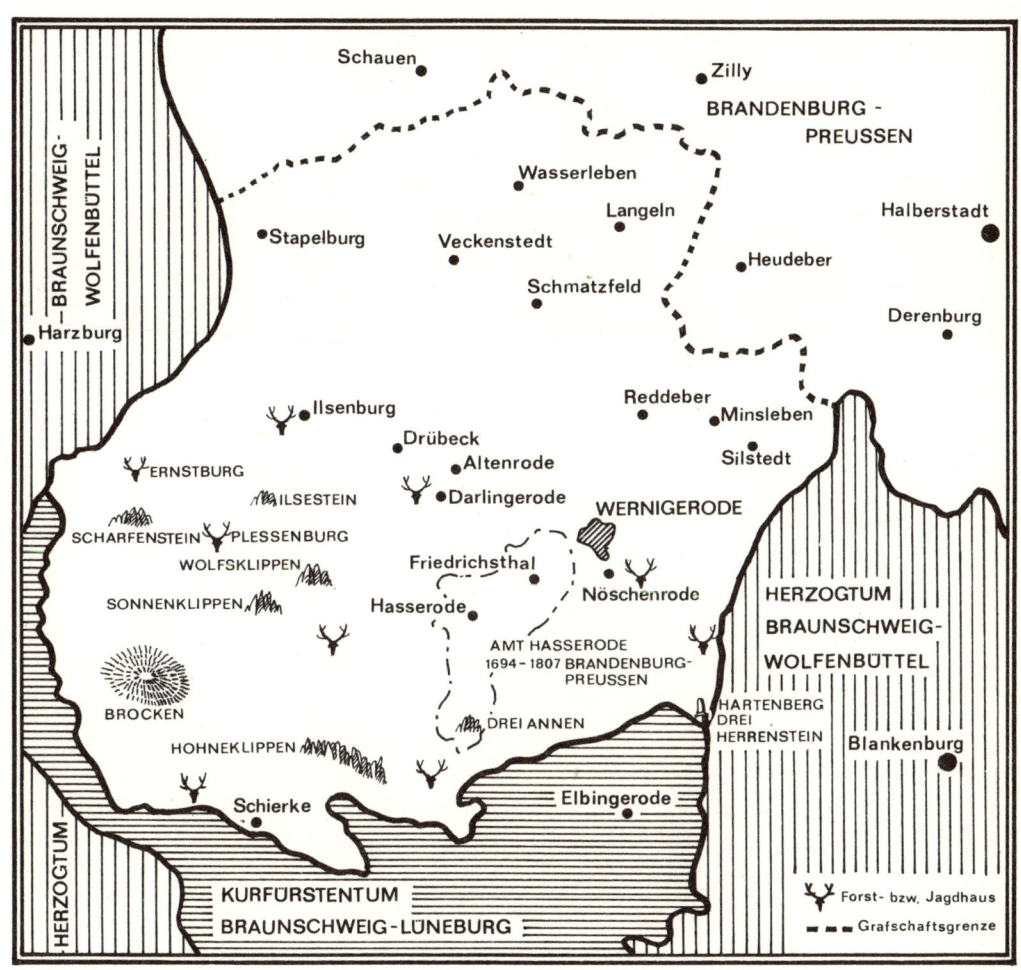

Jagdhaus Plessenburg
(Gemälde von Ernst Helbig, 1837)

Gräfin Luise, Tochter des Schloßherrn Henrich Ernst zu Stolberg-Wernigerode (1716–1778),
war mit Prinz Friedrich Erdmann von Anhalt-Köthen-Pleß verheiratet, dem die große schlesische
Herrschaft Pleß gehörte. Nach ihm wurde das 1776 erbaute Jagdhaus benannt.

gen des 23. März 1798 im frischgefallenen Schnee die Wolfsspur erneut ausge-
macht. Ein Bote eilt zum Wernigeröder Schloß und überbringt die Nachricht.

Ferdinand, der dreiundzwanzigjährige Sohn des Grafen, ist ein begeisterter
Jäger. Eilig läßt er das Jagdzeug auf Schlitten packen und weitere Schützen
benachrichtigen. Dann geht es in schneller Fahrt zum Pfortenberg. Das Gebiet,
wo man den Wolf vermutet, wird mit Netzen und Jagdlappen abgegrenzt. Ihr
Glück wollen zweiunddreißig Jäger versuchen, sie postieren sich um den ganzen
Berg. Zahlreiche Bauern leisten Treiberdienste.

Es ist früher Nachmittag, 14 Uhr. Ein Förster spürt den Wolf auf, der unter
einem Felsvorsprung faul in der Sonne liegt. Noch tags zuvor hat er dort einen

Rehbock gerissen. Später heißt es im Jagdbericht: „Unter einem Felsen hatte der Wolf vom nächtlichen Schmause unbehilflich und träge gerastet. Bald kam er einigen Schützen schußmäßig, wurde aber gefehlet und rannte nun im Jagen wie rasend hin und her. Wenn er vor die Lappen kam, so stutzte er und kehrte schnell um."

Nach anderthalb Stunden bricht das Tier plötzlich aus dem schneebedeckten Gehölz hervor und rennt geradewegs auf Ferdinands Jagdstand zu, der sofort anlegt, schießt und trifft. Der Wolf stürzt, rafft sich aber schnell wieder hoch und sucht Schutz hinter einem Felsen. Hier bricht er tot zusammen. Die Jagdschar ehrt den glücklichen Weidmann mit einer dreimaligen Salve.

Der erlegte Wolf ist ausgesprochen groß, wohlgenährt – etwa 40 Kilogramm schwer. Eine seiner Klauen wird über der Tür des Jagdhauses Plessenburg angenagelt. Dort verbleibt sie mehrere Jahrzehnte. Zur Erinnerung an das Jagdereignis erhält eine Granitklippe am Pfortenberg, wo der sogenannte Schindelstieg nach Ilsenburg abfällt, die Inschrift „Ferdinands Stein".

Ausgiebig feiert der Jagdheld den Erfolg am 29. März in seinem Ilsenburger Landhaus. Über der Festtafel hängt der Wolfsbalg. Die versammelten Weidgenossen leeren auf Ferdinands Wohl so manches Glas. Seine Wolfsjagd hat überall

Inschrift auf einer Granitklippe,
unmittelbar hinter dem „Ferdinands-Stein"

im Lande viel Aufsehen erregt. Der Halberstädter Poet Ludwig Gleim preist den jungen Grafen in einem Gedicht überschwenglich als „Wolfsbezwinger".

Zu gern möchten die mit Ferdinand zechenden Schützen wissen, woher dieser Wolf stammt. Es wird eifrig spekuliert. Daß er aus Schlesien oder Polen gekommen sei, hält man kaum für denkbar. Das Tier hätte weite berg- und waldlose Gebiete durchlaufen müssen, um bis in den Harz zu gelangen. Deshalb meinen einige Jäger, der alte Einzelgänger könne aus Frankreich über Spessart und Soling den Weg hierher gefunden haben. Eine ernsthafte Gefahr für Mensch und Vieh ist dieser „letzte Harzwolf" gewiß nicht gewesen. Seine Fangzähne waren schon gelb und schwarz, ein unterer fehlte.

Vor zweihundert Jahren war der graue Räuber im Harz allerdings noch heimisch und den Bauern eine schlimme Plage. „Die armen Leute klagen sehr wegen der Wölfe", notierte der Wernigeröder Schloßherr im November 1542. Das meist in Rudeln umherstreifende Raubtier fiel über ihr Vieh her und brach zur Winterszeit sogar in die Ställe ein. Auch im gräflichen Gestüt richtete es viel Schaden an.

Ein vierundzwanzigendiger Hirsch
wird bei den Wolfsklippen von Wölfen gerissen
(Monumentalgemälde von Henry Louis Klingender, nach einer wahren Begebenheit im 18. Jh.)

Im Jagdhaus Plessenburg hing sein prächtiges Geweih bis 1945.

Wolfsjagd um 1750
(Kupferstich von Johannes Elias Ridinger)

Mehrmals wurde berichtet, Wölfe hätten ein Fohlen gerissen. Deshalb durften sie auch von jedermann verfolgt und getötet werden. Mancher Wolf ging den Bauern in die aufgestellte Falle, andere wurden von ihren starken Hunden zur Strecke gebracht. Für abgelieferte Bälge und Welpen zahlte der Graf jedesmal eine Belohnung.

Die Jagd auf Wölfe, aber auch auf Bären war der adligen Herrschaft zudem ein sehr geschätztes Vergnügen. Oft hielten die Stolberger Grafen auf ihrer Wernigeröder Veste bei viel Speis und Trank üppiges Jagdlager. Das war dann eine gute Gelegenheit zum Stelldichein der zerstreut wohnenden Familie. Selbst die Frauen nahmen am Weidwerk teil, allerdings nicht hoch zu Roß, sondern im eigens dafür ausstaffierten Wagen.

Die feudale Jagdgesellschaft stellte dem Wolf weder in dunklen Wäldern nach, noch wagte man sich in die Bärenhöhlen. Schon lange vorher fingen Jäger die Wölfe scharenweise in den Fallgruben hoch umzäunter „Wolfsgärten", ange-

Schloß Wernigerode mit Tiergarten
(Aquarell von Albert Schöpwinkel, 1873)

Als eingezäunter Wildpark umgab ein 206 Hektar großer Tiergarten das Schloß von allen Seiten. Hier standen im Hochwald außer Buchen auch Eichen, Ahornbäume, Ulmen, Eschen, Linden und Edelkastanien, zuweilen Fichten und Lärchen. Begründer des Tiergartens war Graf Christian Ernst (1691–1771), der dessen Damwildbestand beträchtlich vermehrte. Später tummelten sich dort sogar Wildschweine. Der Tierbestand war bald so groß, daß behauptet wurde, man könne „von den Fenstern des Schlosses aus einen Braten für die Küche schießen".

lockt durch den Ludergeruch eines Köders. Zur herrschaftlichen Jagd wurden sie ausgesetzt und in abgegrenzten Revieren leicht erlegt. So mancher Flur- und Forstname erinnert an diese Zeiten. Unweit des Wernigeröder Schlosses liegt das „Wolfsholz", und vom Bergfried aus sind die „Wolfsklippen" im Oberharz gut zu sehen.

In der Sage über jene „Wolfsklippen" begegnet uns der sonst allerorts gefürchtete Wolf als Freund eines in Not und Bedrängnis geratenen Mädchens. Erzählt wird diese seltsame Geschichte: Im Ilsetal, nahe dem Wernigeröder Schloß, lebte eine arme Köhlerwitwe mit ihrer einzigen Tochter. Als das Kind zu einem anmutigen Mädchen herangewachsen war, stellte ihm der junge Graf auf Schritt und Tritt nach. Doch immer wieder konnte es sich seinem lästigen Zugriff entziehen. Da aber ließ der wütende Schloßherr überall verkünden, das holde Kind sei eine Hexe und müsse auf dem Scheiterhaufen verbrannt werden. Rasch floh das Mädchen vor seinen Häschern in den Wald, um sich in den unwegsamen Klippen nahe der Plessenburg zu verstecken. Eine Höhle bot Schutz für die bald einbrechende

Bärenjagd
(Holzschnitt, 1583)

In den Harzwäldern, vor allem im Klippengebiet des Brockens, war der Bär im 16. Jh. noch keineswegs selten. Er galt als gefährliches Raubtier, das jedermann töten durfte. Allerdings mußten gemäß altem Brauch die abgehackten Klauen dem Grafen gebracht werden. Der letzte Bär wurde 1705 in der Nähe des Brockens erlegt. – Dem Feudaladel war die Jagd auf Bären eine „hochritterliche Lustbarkeit". So lud in den letzten Apriltagen des Jahres 1573 der Wernigeröder Schloßherr alle seine Brüder und die Regensteinische Verwandtschaft zur Bärenhatz nach Wernigerode ein. Sie sollte im „Redebberholz", einem kleinen Wäldchen nahe dem Schlosse, stattfinden. Den Bären hatten Bauern aus Ilsenburg gefangen. Bis zum Jagdtag blieb das Tier in einer tiefen Grube angekettet. Am 10. Mai wurde es im „Redebberholz" freigelassen und zum Ergötzen seiner Jäger von der riesigen Hundemeute zu Tode gehetzt. Begehrt war nur das prächtige Fell, denn sehr gern ließen sich die Schloßherren im Bärenpelz malen. Das minderwertige Fleisch durften die Bauern behalten.

Der am 24. März 1817 erlegte Luchs
(heute im Wernigeröder Harzmuseum ausgestellt)

Seit damals tauchten Luchse als „Durchwanderer", wie sie der Jäger nennt, immer wieder im Harz auf. 1843 wurde ein Luchs bei Wernigerode geschossen. Manchmal verriet nur die Fährte seine Anwesenheit. So verlor sich 1980 die Spur eines Luchses im Oberharz. Gemäß Jagdgesetz der DDR muß das Raubtier abgeschossen werden, da es den Rehwildbestand gefährdet.

Nacht. Wie erschrak das Mädchen aber, als am nächsten Morgen auf dem Felsvorsprung vor seinem Schlupfwinkel eine Wölfin lag. Das Tier war von der Geburt mehrerer Welpen völlig erschöpft und lechzte nach Wasser. Den nahen Bach konnte die Wolfsmutter vor Schwäche nicht mehr erreichen. Das Mädchen überwand schnell alle Furcht und pflegte die Wölfin und deren Junge, bis alle wieder bei Kräften waren. Eines Tages aber verriet der Rauch des Feuers dem Grafen das Versteck in den Klippen. Als er sich näherte, sprang ihm die Wölfin wütend an die Gurgel. Gewiß hätte sie den Mann getötet, doch die hübsche Köhlertochter wollte reinen Gewissens weiterleben und hieß die Wölfin, von dem Bösewicht abzulassen... So kamen die Wolfsklippen zu ihrem Namen, der bis heute davon zeugt, daß Wölfe einst im Harz heimisch waren.

Aber blieb der im März 1798 erlegte Wolf tatsächlich der letzte im Harz aufgespürte „Isegrim"?

Sechzehn Jahre vergehen, da entdecken Förster in der Brockengegend wieder die Fährte eines Raubtiers. Gerissenes Wild wird gefunden, und man meint, hier treibe erneut ein Wolf sein Unwesen. Im Juni 1814 teilt sogar der Wirt des Brockengasthauses nach Schloß Wernigerode mit, des Nachts habe „der Wolf die Stapelburger Rinderherde ganz zerstreut, aber noch keines gefangen". Trotz mehrerer aufwendiger Treibjagden gelingt es lange Zeit nicht, ihn zu erlegen. An manchen Tagen gehen vierzig bis sechzig Schützen auf die Jagd. Am 27. November 1816 wird das Tier nahe dem Renneckenberg von Jägern aufgestöbert. Sie schießen. Der Wolf stürzt zusammen und rollt den Berg hinab. Getroffen! Schon ertönt Jubelgeschrei: Der Wolf ist tot! Doch im entstehenden Wirrwarr entkommt der vermeintliche graue Räuber auch diesmal. Ein Schuß hat nur den Hinterlauf verletzt, eine Schrotladung sitzt ihm im Rücken. Monate verstreichen, bis er erneut auftaucht. Bei den Sonnenklippen im Oberharz bringt ihn Forstinspektor Kallmeyer am 24. März des folgenden Jahres zur Strecke. Groß aber ist das Erstaunen des freudetrunkenen Weidmanns, als ein Jägerbursche statt des Wolfes einen prächtigen, 53 Pfund schweren Luchs aus der Felsspalte zieht.

In Ilsenburg wird das erlegte Tier gegen Eintrittsgeld zur Schau gestellt. So mancher Betrachter spottet über die „erfahrenen" Förster, welche die Fährte eines Wolfes nicht von der eines Luchses unterscheiden könnten. Keiner der Jäger hatte aber je die Spur einer solchen Raubkatze gesehen. Wie einst der Wolf im Jahre 1798 ist sie gewiß aus fremden, weit entfernten Wäldern in den Harz gekommen. Jagdschriftsteller verbreiten das Ereignis schnell in ganz Deutschland. Berühmte Museen wollen den Luchs erwerben, doch der Graf verkauft ihn nicht. Kunstvoll präpariert, steht die Raubkatze Jahrzehnte im Wernigeröder Schloß.

König „Lustik" zu Besuch

Ständig quälen den jungen verschwenderischen König Jérôme Bonaparte Geldsorgen, denn der Bruder Kaiser Napoleons liebt Pomp und Prunk. Sein Königreich Westfalen besteht 1811 erst seit vier Jahren. Auch die Grafschaft Wernigerode gehört dazu. Gemeinsam mit Frau Katharina residiert Jérôme bei Kassel auf Schloß Wilhelmshöhe, das er in „Napoleonshöhe" umtaufte. Er kennt Land und Leute kaum, der deutschen Sprache ist er nicht mächtig. Seine bekannten Worte: „Morgen wieder lustik!" sind angeblich die einzigen, die er auf deutsch sprechen kann. Spöttisch nennen ihn deshalb die Untertanen König „Lustik".

Das Königreich Westfalen ist hoch verschuldet. Jérôme benötigt zwar viel Geld für die eigene aufwendige Hofhaltung, doch weit beträchtlichere Summen verlangt ihm der mächtige kaiserliche Bruder ab, der seine langen und teuren Kriege

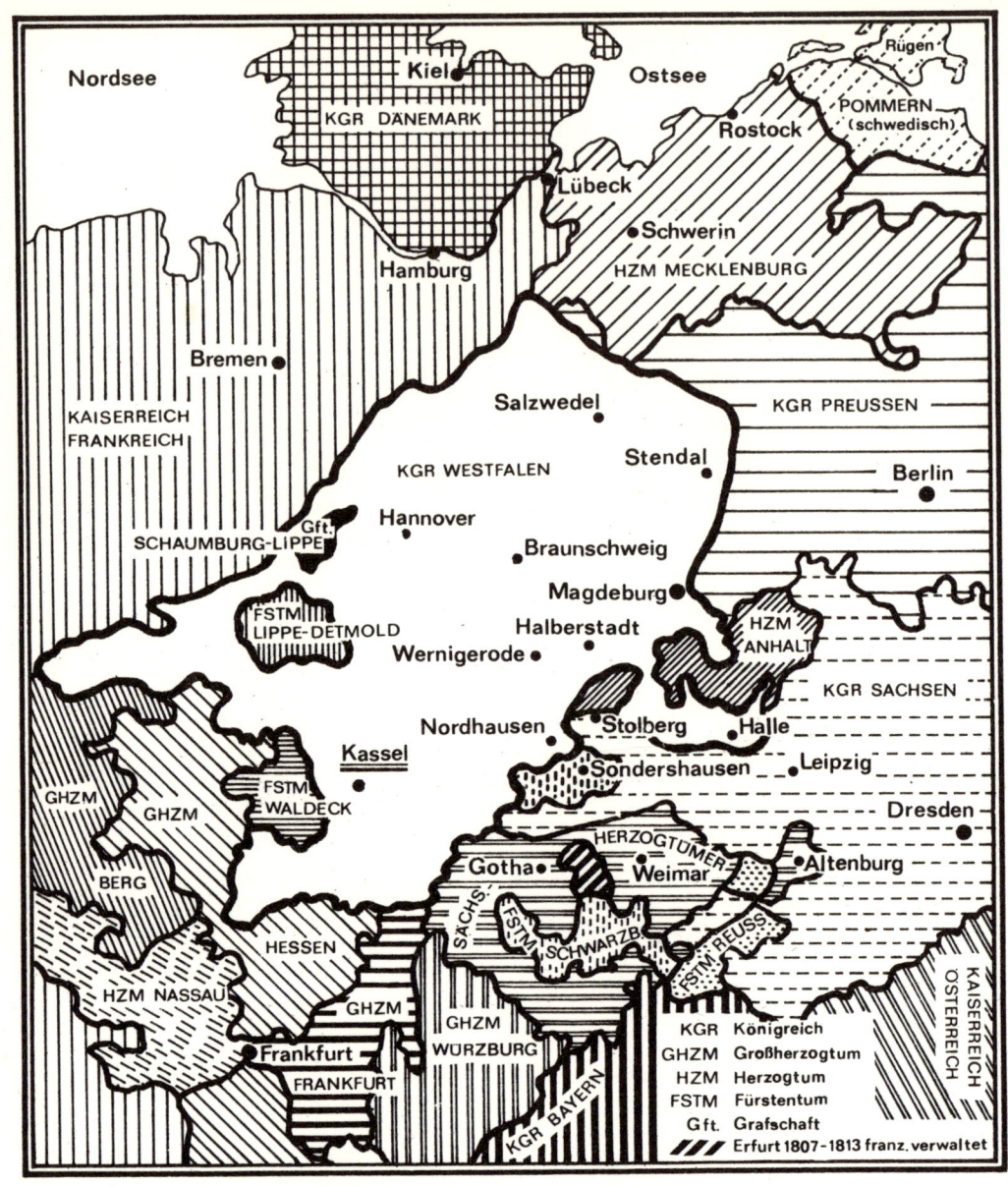

Königreich Westfalen mit angrenzenden Ländern

Preußen verlor 1807 den Krieg gegen Frankreich. Im Frieden von Tilsit (7. Juli 1807) wurden seine
linkselbischen Gebiete dem von Kaiser Napoleon neugegründeten Königreich Westfalen einverleibt,
das vor allem aus den früheren Besitzungen des Herzogs von Braunschweig und des
Kurfürsten von Hessen-Kassel bestand. Es umfaßte auch den größten Teil des Harzes.
Nach französischem Vorbild war es in acht Departements gegliedert, denen jeweils ein Präfekt vorstand.
Die Departements unterteilten sich in mehrere Distrikte mit Unterpräfekten, die Distrikte wiederum in Kantone.
Die Grafschaft Wernigerode gehörte zum Distrikt Blankenburg des Saale-Departements.

82

Wernigerödisches
Intelligenz - Blatt
zum Besten und im Verlage des Arbeitshauses.

4tes Stück. Montag, den 25 Januar 1808.

Edikte und dahin gehörige Bekanntmachungen.
Gesetz-Bülletin
des
Königreichs Westphalen.
Nro. 1.

(Nro. 1.) Königliches Dekret vom 7. December 1807, wodurch die Publikation der Konstitution des Königreichs Westphalen verordnet wird.

Wir Napoleon, von Gottes Gnaden und durch die Konstitutionen Kaiser der Franzosen, König von Italien und Beschützer des Rheinischen Bundes,

haben in der Absicht, den 10ten Artikel des Tilsiter Friedensschlusses schleunig in Vollzug zu setzen, und dem Königreiche Westphalen eine Grundverfassung zu geben, welche das Glück seiner Völker sichere und zugleich dem Souverain, als Mitgliede des Rheinischen Bundes, die Mittel gewähre, zur gemeinschaftlichen Sicherheit und Wohlfahrt mitzuwirken, verordnet und verordnen, wie folget:

Erster Titel.

1ster Artikel.

Das Königreich Westphalen ist aus folgenden Staaten zusammengesetzt, nämlich:

aus den Braunschweig-Wolfenbüttelschen Staaten,
aus dem auf dem linken Ufer der Elbe gelegenen Theile der Altmark,
aus dem auf dem linken Elbufer gelegenen Theile der Provinz Magdeburg,
aus dem Gebiete von Halle,
aus dem Hildesheimischen und der Stadt Goslar,
aus dem Lande Halberstadt,
aus dem Hohnsteinischen,
aus dem Gebiete von Quedlinburg,
aus der Grafschaft Mannsfeld,
aus dem Eichsfelde, nebst Erffurt, Mühlhausen, Nordhausen,
aus der Grafschaft Stolberg-Wernigerode,
aus den Staaten von Hessen-Cassel, nebst Rinteln und Schaumburg, jedoch mit Ausnahme des Gebiets von Hanau und Cazenellenbogen am Rheine,
aus dem Gebiete von Corvey, Göttingen und Grubenhagen, nebst den Zubehörungen von Hohnstein und Elbingerode,
aus dem Bisthume Osnabrück,
aus dem Bisthume Paderborn, Minden und Ravensberg,
aus der Grafschaft Rietberg-Kaunitz.

2ter Art.

Wir behalten Uns die Hälfte der Allodial-Domainen der Fürsten vor, um solche zu den Belohnungen zu verwenden, die Wir den

---

Veröffentlichung der westfälischen Verfassung
(abgedruckt im „Wernigerödischen Intelligenzblatt", 1808)

Am 15. November 1807 erhielt das Königreich Westfalen eine Konstitution (= Verfassung).
Sie verkündete die Aufhebung der Leibeigenschaft und teilweise der Feudallasten sowie die Einführung
eines bürgerlichen Gesetzbuches (Code Civil) und von Geschworenengerichten. Alle Staatsbürger
sollten vor dem Gesetz gleiche Rechte genießen. Das Steuersystem wurde vereinheitlicht.
Im ganzen Königreich galten gleiche Münzen, Maße und Gewichte.

finanzieren muß. 1811 ist der Feldzug gegen Rußland schon beschlossene Sache. Die Kriegskosten werden dem Volk aufgebürdet, das immer mehr Steuern zu zahlen hat. Mißstimmung und Haß gegen die Fremdherrschaft nehmen zu.

Jérôme versucht, neue Geldquellen zu erschließen und alte ergiebiger zu machen. Eines Tages meinen seine Berater, die Erzbergwerke des Harzes müßten künftig weit ertragreicher arbeiten, aus ihnen ließe sich viel mehr Silber, Blei und

Jérôme Bonaparte (1784–1860)

*Der Bruder Napoleons und König von Westfalen mußte am 26. Oktober 1813 aus Kassel fliehen.
Eine Woche zuvor waren die Armeen Napoleons in der Völkerschlacht bei Leipzig vernichtend
geschlagen worden. Nach den siegreichen Befreiungskriegen kam die Grafschaft Wernigerode erneut
zum Königreich Preußen.*

Kupfer als bisher herausholen. Jérômes Entshcluß ist schnell gefaßt. Er will die Gruben persönlich besichtigen und die Reise dorthin zugleich nutzen, um sein schlechtes Ansehen bei der Bevölkerung etwas aufzupolieren. Auf jeden Fall aber soll sie ihn auch nach Schloß Wernigerode führen.

Jérôme sieht in Henrich, dem ältesten Sohn des Wernigeröder Schloßherrn, eine verläßliche Stütze seines Königreichs. Im November 1807 hatte ihm der Erbgraf in Kassel den landesweit geforderten Treueid geleistet, und bis zum nächsten Frühjahr war er dann sogar als Hofbeamter und Generalmajor in Jérômes Residenz geblieben.

Dem Erbgrafen liegt sehr daran, sich mit den westfälischen Behörden gut zu stellen. Durch die Verfassung des Königreichs sind seit November 1807 die Vorrechte des Adels beseitigt. Auch die „regierenden" Grafen in Wernigerode wurden politisch entmachtet, ihnen verblieb aber der gesamte Grundbesitz als persönliches Eigentum. So kommt dem Erbgrafen der Besuch Jérômes sehr gelegen. Auf Schloß Wernigerode wird Zeit für ein Gespräch mit dem Monarchen sein.

Henrich erfreut sich der ausdrücklichen Gunst des Königs. Erst im Februar 1810 hat ihn Jérôme mit dem Orden der westfälischen Krone, der höchsten Auszeichnung des Königreichs, dekoriert. Sein Vater aber, der alte Graf Christian Friedrich, konnte sich mit der französischen Fremdherrschaft nicht abfinden.

Graf Henrich (1772–1854)

erbte von seinem Vater als ältester Sohn Schloß und Grafschaft Wernigerode, seine Brüder teilten sich den Familienbesitz in Schlesien. Er förderte durch die Einführung rationeller Arbeitsweisen und neuer Maschinen die Steigerung der Produktion vor allem seiner land- und forstwirtschaftlichen Güter sowie Hüttenwerke.

Verbittert und zurückgezogen lebt er seit 1809 im preußisch gebliebenen Schlesien, wo ihm einige Güter gehören.

Am 4. August 1811 beginnt Jérômes Reise. Wenige Tage vorher gibt der Blankenburger Präfekt seiner Hoffnung Ausdruck, der König möge dabei „nicht Ursach finden, mit dem Departement unzufrieden zu sein". Er fordert das Volk auf, „Freude über die Gegenwart der Majestäten an den Tag zu legen". Alle Wege der Reiseroute sind so instand zu setzen, „daß Seine Majestät solche ohne Gefahr passieren könne". Täglich müssen an festgelegten Stationen achtzig frische Ausspann-, Reit- und Postpferde bereitgehalten werden.

Jérôme reist mit seiner Gattin in einer achtspännigen Kutsche, von mehreren berittenen Postillons flankiert. Er trägt einen mit Silberbesatz reich verzierten Waffenrock, blaue Beinkleider und hohe Stiefel. Fünfzig Kavalleristen der westfälischen Garde und eine halbe Kompanie Infanteristen sorgen für seine Sicherheit. Zum Gefolge gehören zahlreiche Minister, hohe Militärs, Grafen, Barone, der Leibarzt und auch zwei attraktive Mätressen des Königs. Weiterhin begleiten Seine Majestät eine große Zahl von Unterbeamten, Haushofmeistern, Lakaien, Köchen, Tafeldeckern und Kurieren.

Im Oberharz bei Clausthal und Zellerfeld sowie in der Nähe von Goslar fährt Jérôme selbst in die Stollen ein. Höhepunkt der Visite wird schließlich die Auffahrt zum Brocken. Als Besitzer des berühmten Berges stellt Graf Henrich dem König für die Gebirgstour vier geeignete Kutschen zur Verfügung. Es bleibt bis heute ein Rätsel, wie Jérôme mit seinem beachtlichen Gefolge im kleinen Gasthof auf dem Gipfel unterkam. Doch nicht der Brockenwirt, sondern königliches Personal bedient die an Luxus gewöhnten Gäste. Fuhrleute des Grafen schafften zuvor das Küchenmobiliar auf zwei vierspännigen Leiterwagen den Berg hinauf.

Durch Unvorsichtigkeit französischer Köche wäre das Gasthaus nachts beinahe völlig niedergebrannt. Aus der Küche lodert plötzlich Feuer auf, vom starken Wind angefacht. Beide Majestäten sind ernstlich bedroht. Königin Katharina, die erst zu Jahresbeginn eine Feuersbrunst über ihren Gemächern im Schlosse „Napoleonshöhe" in Angst und Schrecken erlebte, flüchtet, nur in einen Mantel gehüllt, ins Freie. Mit knapper Not wird man des Brandes Herr. Später heißt es, er sei zum Teil mit Bouillon gelöscht worden. Nach drei Wochen verbreitet das „Wernigeröder Wochen-Blatt" die kurze offizielle Nachricht: „Ihre Majestäten, der König und die Königin von Westphalen, haben am 8. August 1811 das Brockenhotel mit Ihrer Gegenwart beehrt. Sie haben daselbst gespeist und geschlafen…" Das Brandunglück findet keine Erwähnung.

Das Brockenhaus am Harz um 1810

Graf Christian Friedrich zu Stolberg-Wernigerode ließ im Jahre 1800 das erste Wirtshaus auf dem Brocken errichten. Es verfügte über zwei Gasträume und sieben Schlafstuben. Für Wirt und Personal verblieben zwei weitere Zimmer. Wegen Baufälligkeit mußte der etwa zehn Meter hohe Aussichtsturm im April 1835 abgerissen werden.

Schloß Wernigerode (Aquarell, Mitte des 19. Jh.)

Am nächsten Morgen fährt das Königspaar mit seinen Begleitern nach Wernigerode. Am Westerntor begrüßt sie der Bürgermeister Johann Andreas Scheller. Voller Stolz trägt der ehemalige preußische Beamte jetzt die farbenprächtige westfälische Uniform, zu der weiße Beinkleider, ein blauer Rock mit silbernen Knöpfen, eine himmelblaue Schärpe mit weißen Fransen, Dreispitz und Degen gehören.

Unter Glockengeläut überreicht der Wernigeröder Bürgermeister dem König von Westfalen auf einem Samtkissen den silbernen Stadtschlüssel. Eine solche symbolische Übertragung der Schlüsselgewalt gilt gegenüber hohen Gästen als besondere Höflichkeitsgeste und als Zeichen der Unterwürfigkeit.

Erbgraf Henrich empfängt den König auf seinem Schloß. Dessen Gemächer und der kleine Hof fassen die vielen Menschen kaum; immerhin läßt Westfalens Monarch „bloß zum Prunk gegen hundert Pferde um das Schloß führen". Während des gemeinsamen Frühstücks sprechen die beiden auch über Politik.

Henrich kann sich über die Haltung Jérômes nicht beklagen. Trotz der fortschrittlichen bürgerlichen Verfassung stützt sich der Bruder Kaiser Napoleons doch vor allem auf die alten Adelsfamilien. Dem im Königreich Westfalen nur schwach entwickelten Bürgertum mißt er keine große Bedeutung bei. Die meisten Minister und viele Präfekten sind von Adel. Das ist für Henrich von Vorteil, vor allem, wenn es gilt, seine Rechte als Grundherr gegen eine immer selbstbewußter auftretende Landbevölkerung zu sichern.

Von der Gründung des Königreichs Westfalen hatten sich gerade die Bauern vermehrte Rechte und Freiheiten erhofft. So glaubten sie auch, mit Verkünden der Verfassung von allen Feudallasten befreit zu sein. Tatsächlich wurden durch Gesetz aber nur die Erbuntertänigkeit, der Gesindezwang und damit verbundene Abgaben und Frondienste aufgehoben. Den Grundherren verblieb weiterhin der ungeschmälerte Anspruch auf ihre „Gerechtsame". Das waren alle nicht von der ehemaligen Leibeigenschaft herrührenden Verpflichtungen wie der Zehnt, festgelegte Dienste und verschiedene Geld- und Naturalabgaben. Sie konnten nur gegen hohe Geldsummen „abgelöst" werden. Die Herkunft so mancher Abgabe und so manchen Dienstes ließ sich aber kaum noch ermitteln. Zwischen Henrich und einigen Landgemeinden der Grafschaft war es deshalb zu heftigen Auseinandersetzungen gekommen.

Einwohner des Dorfes Silstedt wandten sich sogar an den westfälischen Innenminister. Sie betonten, die Regierung habe alle Frondienste abgeschafft, und die Menschen seien „keine Sklaven" mehr, dem Grafen würden künftig ungemessene Dienste verweigert. Andere Gemeinden leisteten von sich aus keine Abgaben und forderten den Erbgrafen auf, deren Rechtmäßigkeit erst einmal nachzuweisen.

Doch die westfälische Regierung ergriff eindeutig Partei für Henrich. Sämtliche gegen ihn gerichtete Klagen wurden abgewiesen. Es hieß, seine „Grundgerechtsame" bestünden zu Recht, sie könnten nur „abgelöst" werden. Das versichert Jérôme nun nochmals dem Erbgrafen. Er sagt auch, ihm komme es auf „Ruhe und Ordnung" im Lande an, das Volk habe die Obrigkeit zu respektieren.

Von Wernigerode reist der König weiter nach Blankenburg. Er besichtigt die alte Veste Regenstein und trifft gerade noch rechtzeitig zum „Napoleonstag" wieder in Kassel ein. Auch diesmal soll er am 15. August den Geburtstag des kaiserlichen Bruders mit der ihm nachgesagten „Lustigkeit" gefeiert haben.

Der Besuch auf Schloß Wernigerode bleibt Jérôme in angenehmer Erinnerung. Am 10. Juli 1813 bestätigt er dem Grafenhaus ausdrücklich Adelstitel und Wappen. Drei Monate später ist das Königreich Westfalen von der Landkarte verschwunden.

Wegen „Forstfrevel"
angeklagt

Im Januar 1835 herrscht eisige Kälte in Wernigerode. Schon in der zweiten Oktoberhälfte des Vorjahres hausten verheerende Schneestürme, das Thermometer zeigte mitunter recht starken Frost an. Und ein Ende des strengen Winters ist keineswegs absehbar, selbst im April soll noch eine Menge Schnee fallen. Viele Arbeiter sind in dieser Jahreszeit „gänzlich ohne Broterwerb".

Am 27. Januar ziehen die vier erwerbslosen Maurergesellen Julius Brüning, Christian Kahmann, Karl Overbeck und Heinrich Trimpelmann zusammen mit ihren Frauen in den nahe gelegenen Gemeindewald. Sie wollen dort Brennholz sammeln und es dann in der Stadt verkaufen. Obwohl gegenwärtig davon mehr

„Forstfrevel"-Liste aus dem Jahre 1823

als gewöhnlich benötigt wird, reicht der Erlös nicht aus, um eine mehrköpfige Familie zu versorgen.

Die „Holzgänger" dürfen nur Reisig, Abfallholz und trockene Äste auflesen. Das Holz muß durch das Westerntor in die Stadt gebracht werden. Sehr genau achtet Graf Henrich auf die Einhaltung des Gesetzes aus dem Jahre 1766: „Wer sich aber erfrechet, an stehenden oder liegenden Bäumen sich zu vergreifen, grüne Stämme zu beschädigen, deren Wurzeln abzuhauen oder auszuroden, Zacken abzustüben etc., derselbe soll aufs empfindlichste gestrafet werden."

Trotzdem schlagen die Männer auch unerlaubtes Holz vom Stamm, und nach einigen Stunden anstrengender Arbeit sind die mitgeführten Schiebekarren und alle Tragekörbe ihrer Frauen vollgepackt.

Die Gesellen ahnen nicht, daß Wernigerodes Bürgermeister an diesem Tag energische Polizeimaßnahmen gegen solchen „Forstfrevel" beabsichtigt. Er hat sämtlichen Gendarmen und Waldwärtern befohlen, Personen, die durchs Westerntor „unerlaubt Holz einbringen, beim Forstgerichte zur Untersuchung anzuzeigen" und das Diebesgut zu beschlagnahmen. Je nachdem, ob man zum ersten Mal ertappt wird oder aber schon häufiger dieses Vergehens wegen vor dem Richter stand, fällt das Strafmaß aus.

Als Buße für verbotenen Holzeinschlag ist meist der knappe Lohn einer ganzen Arbeitswoche aufzubringen. Keiner der Erwerbslosen wäre in der Lage, Strafgeld zu zahlen. Oft haben sie tagelang kaum einen Groschen in der Tasche, reichen die wenigen Pfennige hin und wieder nur für den Kauf von Kartoffeln. Doch die Forstbesitzer sind an billigen Arbeitskräften interessiert. Deshalb gilt: Wer nicht zahlen kann, wird „ersatzweise" zu Strafarbeit in den Wäldern verurteilt oder muß für mehrere Tage ins Gefängnis.

Am Westerntor angelangt, sollen Heinrich Trimpelmann und Julius Brüning ihre Schiebekarren zur Kontrolle abladen. Die Maurer weigern sich, und es kommt zum Streit mit den Wächtern, die den Männern „Forstfrevel" vorwerfen. Auch Karl Overbeck und der Papiermacher Karl Grimmecke wollen eine Untersuchung ihrer Fahrzeuge nicht zulassen. Ihrem Beispiel folgen weitere „Holzgänger", die kurz danach am Westerntor eintreffen.

Da die Torwärter bald nicht mehr ein noch aus wissen, schicken sie nach dem Bürgermeister. Statt seiner erscheint der Ratsherr Johann Roel. Er zwängt sich durch die unruhig werdenden Leute und beschlagnahmt kurzerhand das Holz der Maurergesellen. Da versperrt ihm Julius Brüning, mit seinem Beil drohend, den Weg. Sehr übertrieben heißt es später, der Maurer habe dem Ratsherrn Roel „fast in den Fuß" gehauen. Im allgemeinen Tumult läßt Karl Grimmecke schnell sämtliche Karren und Schlitten in die Stadt fahren. Die inzwischen herbeigeeilten Polizisten können es nicht verhindern. Am Abend wird Karl Grimmecke verhaftet. Er sei – so heißt es – der Anstifter des Tumults.

Wernigeröder Rathaus mit Marktplatz um 1830

Bürgermeister Hertzer schrieb nach den „Holzunruhen" an die Regierungsbehörden in Magdeburg:
„Fast täglich dringen eine Menge arbeitsloser Arbeiter auf das Rathaus und verlangen öfters
mit kläglichen Bitten, öfters mit Ungestüm Arbeit gegen geringen Tagelohn… Eine große Anzahl
sowohl einheimischer als fremder Bettler durchstreift fast täglich die Stadt… Von diesen Menschen
ist viel zu befürchten, und auch dieserhalb ist die Anwesenheit des Militärs nothwendig."

Tags darauf versammeln sich vor dem Rathaus Demonstranten. Wenn wir Arbeit haben, verzichten wir gern auf das Einbringen und den Verkauf von Holz!, beschweren sie sich beim Bürgermeister. Gefordert wird ein täglicher Verdienst von fünf Groschen. Der Bürgermeister versucht, die erhitzten Gemüter zu beruhigen.

Plötzlich erscheint ein Polizist mit dem verhafteten Karl Grimmecke auf dem Marktplatz. Die Menge ist nun nicht mehr zu halten. Fast sechzig aufgebrachte Einwohner besetzen das Rathaus und dringen ins Amtszimmer des Bürgermeisters ein. Christian Kahmann führt sie an. Grimmecke wird sofort freigelassen.

Einige Arbeiter vertreiben die Wachen am Westerntor. Andere, voran die Maurergesellen Heinrich Trimpelmann und Julius Brüning, wollen das Haus des Ratsherrn Roel besetzen. Die wohlhabenden Bürger Wernigerodes fühlen sich

91

Westerntor
(Stahlstich, 1844)

nicht mehr sicher. Das Gerücht geht um, sämtliche „Holzgänger" hätten insgeheim gelobt: „Alle für Einen und Einer für Alle". Man fürchtet „die Beile der Meuterer".

Auch die Ratsherren und der Bürgermeister hören davon. Sofort begibt sich eine Abordnung von ihnen aufs Schloß zu Graf Henrich. Doch der Schloßherr ist schlecht gelaunt. Seit Wochen leidet er an Gichtbeschwerden im linken Fuß, und das kalte Winterwetter verschlimmerte diese noch.

Die städtischen Abgeordneten klagen ihm ihr Leid und bitten um Unterstützung gegen die sich ausweitende Rebellion. Der Graf will den aufrührerischen „Subjecten" eine deutliche Lektion erteilen. Und – diesmal soll der „Forstfrevel" auch nicht mit einer Geldbuße oder mit Strafarbeit ausgestanden sein. Zornig poltert er: Die Aufwiegler gehören ins Loch! Militär muß her!

Um seine feudalherrliche Ruhe ist Henrich stets besorgt. Er erinnert die Stadtväter an eine nur wenige Jahre zurückliegende Begebenheit. Damals wurde in einer Mauerritze des Torwegs am gräflichen Regierungsgebäude ein anonymer Drohbrief gefunden, in dem es mit ungelenken Worten hieß: „Wenn ihr alle die ihr seyt, nicht bald anders werd mit die armen Leute, dann Gnade Gott, wenn es ausbricht... So bald der Graf kömt, dann gets los, so bald er es nicht gleich anders macht, die armen Leute können nicht mer leben und bestehen, denn kein Verdienst ist nicht und das viele sollen sie geben."

Das hatte sich vor fünf Jahren zugetragen, in jenem Jahr 1830, als die französische Julirevolution Volkserhebungen in verschiedenen europäischen Staaten auslöste. Graf Henrich beunruhigten seinerzeit vor allem die Aufstände im benachbarten Braunschweig und in Hannover. Deshalb instruierte er seine Polizei, „mit großer Vorsicht zu verfahren" und das Volk nicht durch „unzeitige Strenge zu reizen". Das Schloß wurde von zahlreichen bewaffneten Männern geschützt. Letztendlich blieb es damals in der Grafschaft ruhig.

Jetzt aber läßt der Graf keine Vorsicht walten, sondern macht seine Drohung wahr: In den Mittagsstunden des 1. Februar rücken Halberstädter Kürassiere in Wernigerode ein. Ihr Offizier erklärt „nöthigenfalls derb darauf zu gehen". Er hat Befehl, alle zur Wiederherstellung der Ordnung erforderlichen Maßregeln zu treffen. Schon bei seinem Antrittsbesuch auf dem Schloß berichtet er, alle „Unruhestifter" seien verhaftet und eingesperrt.

Um die Bevölkerung wieder an den „alten Gehorsam" zu gewöhnen, sollen die Soldaten mindestens zwei Wochen in Wernigerode bleiben. Die Ratsherren hätten am liebsten ein ständiges Militärkommando in der Stadt behalten. Einige reiche Kaufleute zeigen sich sogar „gern erbötig", dadurch entstehende Kosten zu tragen. Angeblich haben die „Holzgänger" vorher gedroht: „Sind nur erst die Kürassiere wieder weg, dann sollt ihr's sehen, dann regieren wir aber!"

Halberstädter Kürassiere um 1830

Das von Erbgraf Henrich im Winter 1835 nach Wernigerode gerufene Kürassierkommando von einem Offizier und sechsundzwanzig Mann kostete die Stadtkasse täglich drei Taler und neun Silbergroschen (1 Taler = 30 Silbergroschen zu 12 Pfennigen). Von diesem Betrag hätten bei dem in Wernigerode für Arbeiter üblichen Tagelohn von sechs Silbergroschen und drei Pfennigen sechzehn Erwerbslose ein Auskommen gehabt.

Im April stehen siebenundzwanzig Angeklagte vor Gericht. Darunter sind mehrere Frauen, neun Maurergesellen, sechs Tagelöhner, ein Tuchmacher, ein Fleischer, ein Zimmermann und ein Fuhrknecht. Am 27. April ist Urteilsverkündung. Da die preußischen Regierungsbehörden neue Revolten vermeiden wollen, fällt das Strafmaß niedrig aus: Julius Brüning erhält fünf, Heinrich Trimpelmann vier Monate Zuchthaus. Christian Kahmann muß wegen „thätlicher Widersetzlichkeit gegen die Obrigkeit" für zwei Monate zu einer Militärstrafabteilung. Diese drei Männer gelten als Rädelsführer. Alle anderen haben geringe Gefängnisstrafen abzusitzen, acht Angeklagte werden freigesprochen.

Graf Henrich ist mit den Urteilen nicht einverstanden. Als ihm die Gerichtsakte mit der Aufschrift „betreffend revolutionäre Unruhen" vorgelegt wird, vermerkt er dort eigenhändig: „...mein Bedauern muß ich ausdrücken über so gelinde Strafen, welche keinen Eindruck machen können."

Stadtbrand und Hungerrevolte

Die Kirchturmuhren schlagen zur Mitternachtsstunde. Über Schloß und Stadt scheint sich die Ruhe der Nacht auszubreiten, nachdem vor zwei Stunden viele Menschen aus ihrem ersten Schlummer aufgeschreckt worden sind. Mit gewaltigem Schlage hatte sich plötzlich eine drohende Gewitterwolke über Wernigerode entladen. Dem heftigen Donner war ein starker Platzregen gefolgt, der zumindest die Sorge vor Blitzeinschlag verdrängte. Vom Gewitter wachgerüttelt, fanden viele Wernigeröder so schnell nicht wieder in den Schlaf.

Graf Henrich hatte das Naturereignis vom Schloß aus beobachtet. Ein Gewitter zu dieser Jahreszeit ist ungewöhnlich – unmittelbar vor dem Osterfest am 28. März 1847. Der alte Graf ist kaum eingeschlafen, da macht ihn Lärm erneut munter. Warum läuten die Sturmglocken? – Durch die Fenster fällt ein heller Schein. Voller Entsetzen schaut Henrich auf Wernigerode hinunter: Die zu Füßen des Schlosses liegende Stadt brennt lichterloh. War es Brandstiftung oder doch Blitzeinschlag? Die Ursache wird nie festzustellen sein.

Das Feuer war kurz nach Mitternacht bei einem Backhaus in der Nähe des Westerntors aufgelodert und greift nun, vom starken Westwind angefacht, um sich. Den Anwohnern bleibt kaum Zeit, „ihr eigenes Leben und die nothdürftigsten Habseligkeiten aus dem mit jedem Augenblicke sich vergrößernden Flam-

Wernigerode nach dem Stadtbrand von 1847

menpfuhle zu retten", so heißt es in einem späteren Bericht. Noch ehe die ersten Feuerspritzen zur Stelle sind, stehen mehrere Häuser des Heideviertels in Flammen. Hier wohnen die Ärmsten der Stadt.

Die gewaltige Feuersbrunst verwandelt die dunkle Nacht in hellen Tag. Von Haus zu Haus fliegen die sprühenden Funken. Vom Schloß und aus den umliegenden Dörfern eilen zahlreiche Feuerwehren mit ihren Spritzen herbei. Es scheint fast aussichtslos, der Flammen Herr zu werden. Der orkanartige Wind treibt die Flammen immer weiter voran. Bald greift das Feuer auch auf Häuser und Höfe in entlegeneren Gassen über. Nur mühsam gelingt es, den Brand vom Rathaus fernzuhalten. Erst nach mehreren Stunden kann das Feuer unter Kontrolle gebracht werden. Das Schloß mit seinen umliegenden Gebäuden ist unversehrt geblieben. Hier leben über zweihundert Menschen.

Am nächsten Morgen begibt sich Graf Henrich in die vom Feuer verwüstete Stadt. 149 Wohnhäuser und 251 Neben- und Hintergebäude sind völlig niedergebrannt. Nahezu 1 100 Menschen wurden über Nacht obdachlos. Die 5 411 Einwohner und 743 Wohnhäuser zählende Stadt ist zu einem erheblichen Teil ausgelöscht. Der Gesamtschaden beläuft sich auf 275 607 Taler. In jener Zeit benötigt eine Tagelöhnerfamilie im Jahr etwa 150 Taler für ihren Lebensunterhalt.

Henrich erfährt auch, daß sein Gartenarbeiter Christian Stolberg im Feuer ums Leben kam. Der Familienvater hatte versucht, von den Lebensmittelvorräten, die ein reicher Bürger in seinem brennenden Haus zurückließ, wenigstens einen Teil für seine Kinder zu holen. Doch kaum war er über die Schwelle getreten, stürzte das glühende Gebälk über ihm zusammen.

Das Wernigeröder Brandunglück spricht sich in Windeseile herum und wird durch Zeitungsberichte landesweit bekannt. Aus ganz Deutschland gehen „milde Gaben" ein, vor allem schickt man Geld und Kleidung. Preußens König, Friedrich Wilhelm IV., sendet tausend Taler, Graf Henrich steuert fünfhundert Taler bei. Ein „Verein zur Unterstützung der Abgebrannten" wird gegründet. Doch die Hilfe bleibt insgesamt bescheiden: 23 000 Taler kommen zusammen. Sie reichen bei weitem nicht aus, um die Notlage zu beheben. Die „Abgebrannten" müssen beköstigt, gekleidet und untergebracht werden. Dreißig der über tausend Obdachlosen finden in den gräflichen Wohnungen am Schloß vorläufig Unterkunft; zehn Wochen lang werden sie von der Schloßküche verpflegt.

Henrich weiß um die Notlage seiner Untertanen und auch – der verheerende Stadtbrand wird sie weiter verschärfen. In den zurückliegenden Jahren hatte es mehrere Mißernten gegeben. Nun erhöhen die Händler ständig die Lebensmittelpreise, für Kartoffeln und Getreide vielfach um fünfzig bis hundert Prozent.

Im Schloß häufen sich auf Henrichs Schreibtisch seit Monaten Briefe aus der Bevölkerung. Schäfer, Holzhauer, Hüttenarbeiter, auch Tagelöhner klagen dem Grafen ihr Leid. Im November 1846 schrieb ihm Johanna Diezmann, daß die „Noth, welche die Theuerung hervorgerufen", groß sei. Ihr Mann verdinge sich als Tagelöhner, aber vom geringen Einkommen könne die Familie nicht leben. Das Geld reiche kaum für Wohnungsmiete, geschweige denn für Nahrungsmittel und Brennholz.

Anfang März 1847 verkündete die gräfliche Regierung: „Eine große Noth um Nahrungsmittel steht bevor. Es wird selbst dahin kommen, daß derjenige, welcher dieses Frühjahr Kartoffeln pflanzen kann, riskiert, daß sie ihm wieder ausgerodet werden." Die angelieferten Kartoffeln sind meist von der Zellfäule befallen und ungenießbar. Schon von weitem verbreiten sie einen modrigen Geruch. Wenn man die weichen, pilzigen Knollen durchschneidet, werden in der Mitte ausgehöhlte braune Flecke sichtbar. In ganz Deutschland herrscht Hungersnot.

Graf Henrich zeigt sich mildtätig, Aufruhr der Hungernden möchte er vermeiden. Noch im Dezember des Vorjahres hatte der Schloßherr eine „Suppenanstalt" einrichten lassen. Jetzt, im März, teilt sie täglich rund 450 warme Mahlzeiten aus, kostenlos oder zu fünf Silberpfennig je Portion. Es ist „feste, derbe Kost" für die „niederen Volksklassen", wie des Grafen Regierungsrat betont.

Trotzdem hält seine Regierung eine Empörung unter den Ärmsten der Stadt durchaus für möglich. Am 21. April berichtet sie dem Grafen: „Diese ist sogar wahrscheinlich, denn Noth bricht Eisen, und bei aller Duldung will doch Niemand in Demuth verhungern." Hinzu kommt, daß – trotz Hungersnot – nahezu täglich Wagen mit Kartoffeln nach Braunschweig und Hannover fahren. Dort wird aus der allerorts so begehrten Fracht Schnaps gebrannt.

Ein solcher Transport ist auch zu vermuten, als am frühen Nachmittag des 23. April fünfundzwanzig mit Kartoffelsäcken beladene Esel durch das Westerntor in die Stadt getrieben werden. Das spricht sich in Windeseile herum. Im Nu strömen zahlreiche Menschen herbei, die den Transport stoppen und den Verkauf der Lebensmittel fordern. Aber die Fracht wurde vom Bürgermeister für die „Suppenanstalt" bestellt. Trotzdem wollen einige wutentbrannte Leute die Säcke gewaltsam aufreißen.

Sturm auf Kartoffelstände in Berlin 1847
(Lithographie aus dem Jahre 1847)

Die Wirtschaftskrise des Jahres 1847 erfaßte viele europäische Länder. Bankhäuser machten Bankrott.
Zahlreiche Industriebetriebe stellten die Produktion ein. Die Löhne der Arbeiter sanken,
Tausende von ihnen wurden erwerbslos. Oft hatten die Hausfrauen nicht einmal Geld für Brot und Kartoffeln.
In vielen Städten kam es zu „Hungerrevolten".

Auf dem Marktplatz versucht der hier wohnende Bürgermeister Heinrich Hertzer, die aufgebrachte Menschenmenge zu beschwichtigen. Die Kartoffeln, so versichert er, kämen tatsächlich in die städtische Kochanstalt. Doch seinen Beteuerungen wird nicht geglaubt. Pfiffe, Schimpf- und Schmährufe lassen ihn nicht mehr zu Wort kommen. Die wenigen anwesenden Polizisten sind machtlos. Immerhin drängeln sich auf dem Marktplatz inzwischen „einige hundert" Menschen. Sie erzwingen den Verkauf der Kartoffeln.

Viele der herbeigelaufenen Männer und Frauen denken dabei vor allem an ihre Kinder, die abgemagert mit blassen, spitzen Gesichtern zu Hause sitzen. Immerhin gab es vier Wochen lang keine Kartoffeln. Der Fuhrknecht Christian Brüning

97

hat daheim sieben Mäuler zu stopfen. Sein Tagelohn ist sehr gering. Als für die Kartoffeln ein hoher Preis gefordert wird, droht er, „sich die Kartoffeln selbst anzueignen". Später klagen die Händler, die Leute hätten ihnen „mehr Kartoffeln weggerissen, da sie erkauft".

Die Hungerrevolte bleibt nicht unbestraft. Bürgermeister Hertzer ist als zugleich wohlhabender Kaufmann auf die eigenen, nicht unbeträchtlichen Lebensmittelvorräte bedacht. Kaum haben sich die Menschen vor seinem Haus verlaufen, teilt er dem Grafen den Vorfall mit: Die „Tumultanten" seien „größtentheils von jeher als die unnützesten Einwohner bekannt". Sie müßten „sofort und ernstlich zur Rechenschaft" gezogen werden, sonst würde sich die Rebellion gewiß ausweiten.

Am 26. April kommt, vom Grafen angefordert, ein Kürassierkommando nach Wernigerode. Sogar ein gräflicher Beamter wagt angesichts der Soldaten die Feststellung: „Mit Polizei- und Militärgewalt ist hier nicht zu helfen. Nur Herbeischaffung der Möglichkeit, Roggen und Kartoffeln zu erhalten, und zwar für Preise, die zu erschwingen sind, kann unendliches Unglück hindern."

Zweiundzwanzig am „Überfall" auf den Kartoffeltransport beteiligte Personen werden verhaftet und vor Gericht gestellt. Neun von ihnen sollen mehrmonatige Zuchthaus- oder Gefängnisstrafen absitzen. Aus Sorge vor weiteren Tumulten mindert das Magdeburger Oberlandesgericht die Höhe der Strafen. Dennoch muß der Fuhrknecht Christian Brüning für vier Wochen ins Gefängnis, des weiteren zwei Frauen. Der verzweifelte Familienvater schreibt an Graf Henrich: „Ich bitte Unsern Theuren Erlaucht unterthänigst mir die Gnade zu zeigen und mir diese Strafe zu erlassen: es geschah aus großer Noth, mich mit meiner Frau und 6 Kindern, den Hunger zu stillen, noch nie habe ich mir was zu Schulden kommen lassen."

Auch die Frauen stellen Gnadengesuche. Ihre Kinder seien so hungrig gewesen, Graf Henrich möge barmherzig sein. Aber der Schloßherr läßt keine Milde walten. Selbst eine hochschwangere Frau muß nach der Geburt des Kindes „gehorsam ihre Strafe antreten". Weitsichtig handelt Henrich damit freilich nicht. Dem „Hungerjahr" 1846/47 folgt die Märzrevolution 1848.

Graf Anton rät dem König

Aus Berlin treffen auf Schloß Wernigerode alarmierende Nachrichten ein. Graf Anton, der als Staatsminister zum engeren Ratgeberkreis von König Friedrich Wilhelm IV. gehört, teilt sie seinem Bruder Henrich mit: In Preußens Hauptstadt ist Revolution. Nach sechzehnstündigem Barrikadenkampf wurden hier am 18. März 1848 die Truppen des Königs von den aufständischen Berlinern geschlagen. Der Monarch muß die alten, meist adligen Minister entlassen. In ihren Sesseln sitzen künftig Vertreter des Bürgertums. Dem Volk wird sowohl Wahlrecht als auch Versammlungs- und Pressefreiheit garantiert.

Mit dem König ist Graf Anton seit Jahrzehnten befreundet. Bei Ausbruch der Revolution hielt er sich in dessen Nähe auf. Der Graf sah in der Revolution nur „ein Werk des Teufels und der Sünde". Als königlicher Ratgeber empfahl er, das Militär solle die Aufständischen rücksichtslos zusammenschießen, damit wieder Ruhe und Ordnung einkehre. Doch seine Rechnung ging nicht auf. Heimlich verläßt Anton Berlin.

Der Ratgeber des Königs ist im Volke verhaßt. Deshalb wagt er auch nicht die

König Friedrich Wilhelm IV. von Preußen (1795–1861)

Graf Anton zu Stolberg-Wernigerode (1785–1854)

wurde 1842 preußischer Minister.
Den auf Schloß Wernigerode residierenden Bruder Henrich
besuchte er regelmäßig.

Reise zu seinem Gut Kreppelhof in Schlesien. Auf Nebenstraßen schlägt er sich nach Potsdam durch und signalisiert von hier aus dem Bruder auf Schloß Wernigerode: „Ich *darf* nicht mehr beim Könige seyn. Sollte ich Dich durch meine Person in Verlegenheit setzen, dann wollest Du es mir nach Halberstadt entgegenschreiben."

Nur ungern gewährt Henrich dem Bruder Unterschlupf, denn Anton gilt auch in Wernigerode als erbitterter Feind der Revolution. Außerdem steht der Schloßherr gegenwärtig selbst vor einer schwierigen Situation.

Zusammen mit Antons Brief haben ihn mehrere Petitionen aus der Wernigeröder Bürgerschaft und den umliegenden Dörfern erreicht. Gefordert werden die Abschaffung feudaler Lasten und die Beseitigung der Vorrechte des Grafen in der Gemeindeverwaltung, im Gerichtswesen, bei der Besetzung der Pfarrer-, Lehrer- und Schulzenstellen und in der Jagdausübung. Die Bürger und Bauern drängen auch auf Erleichterungen für das Holzsammeln in den Wäldern. In der „März-Petition" der Gemeinde Darlingerode heißt es: „Wir Einwohner haben bis jetzt alle Lasten und Abgaben geduldig getragen, jetzt müssen wir aber in die lautesten Klagen ausbrechen, denn wir können das mit unserer Arbeit nicht mehr erzwingen, was zu den immer zunehmenden neuen Abgaben erforderlich ist. Wir haben uns noch nicht von der allgemeinen Noth und der großen Theuerung vom vorigen Jahr erholt, wo der größte Teil in Schulden geraten ist."

Graf Henrich hört aber auch von radikalen Wortführern, die ihre antifeudalen Forderungen mit Gewalt durchsetzen wollen. In verschiedenen anderen Landesteilen Preußens sind bereits Schlösser und Herrenhäuser von einer aufgebrachten Bevölkerung gestürmt worden. Gerade jetzt, da Henrich schlimmste Unruhen in seiner Wernigeröder Grafschaft befürchtet, trifft Graf Anton auf dem Familienstammsitz ein. Nur der plötzliche Tod der erst vierundzwanzigjährigen Tochter Antons am 27. März soll „das Schloß vor dem Eindringen der Revolutionäre" bewahrt haben. Es heißt, sie seien „bereits im Anmarsch" gewesen.

Viele wohlhabende Wernigeröder Bürger haben ebenfalls Furcht vor gewaltsamem Aufruhr. Am 29. März begibt sich eine Abordnung der Ratsherren aufs Schloß, um dem Grafen „die Treue und Anhänglichkeit der Stadt" zu versichern. Dabei erklärt Bürgermeister Hertzer, „daß unter allen Umständen der größte Theil der Bürgerschaft bereit ist, Ew. Erlaucht vor allen Eindringen und Unruhen zu beschützen". Jeden Abend würde eine bewaffnete Patrouille von vierzig Mann zur Aufrechterhaltung von „Ruhe und Ordnung" eingesetzt. Zufrieden betont Graf Henrich, „ohne Achtung vor den bestehenden Gesetzen könne die bürgerliche Gesellschaft nicht bestehen". Es sei ihm zwar unmöglich, „auf allgemeiner

Zeitgenössische Karikatur über die Aufhebung des Rauchverbots

Ende April 1848 demonstrierte auch Graf Henrich seine „Volksverbundenheit", indem er das öffentliche Tabakrauchen gestattete.

Sturm auf das Zeughaus in Berlin am 14. Juni 1848

Landes-Gesetzgebung beruhende Einrichtungen" abzuändern, doch wolle er gern versprechen, bei der Besetzung der Pfarrerstellen und der Ortsvorstände künftig die Wünsche der Gemeinden zu berücksichtigen. Auch das Holzsammeln in seinen Wäldern werde erleichtert.

Von Wernigerode aus drängt Graf Anton den in Potsdam residierenden König, die Revolution militärisch zu bekämpfen. Der Monarch solle das am 1. Mai neu gewählte preußische Parlament gewaltsam auseinanderjagen und die bürgerlichen Minister entlassen. Antons Briefe befördern persönliche Kuriere. Preußens König antwortet seinem Ratgeber nach Wernigerode: „Aber die Revolution will und werde ich mit den Waffen in der Hand bekriegen, sobald Gott ihre Stunde schlagen läßt."

Anton ist vom Monarchen bald bitter enttäuscht. Verärgert zeigt er sich über dessen Verhalten, als Arbeiter und Handwerker am 14. Juni das Berliner Zeughaus stürmen, um eine allgemeine Volksbewaffnung zu erzwingen. Des Grafen Schelte fällt hart aus. „Ich selbst hoffte", so schreibt er dem König, „Euer Majestät würden Ihre Truppen rasch nach Berlin dirigieren..., wie Allerhöchst dieselben es mir schriftlich angedeutet hatten." Und Anton appelliert, *„nicht zu spät* mit eiserner Konsequenz" und „durch die Gewalt der Waffen" gegen die Revolution vorzugehen. Dabei hat Friedrich Wilhelm IV. den Zeughaussturm durchaus im

Sinne seines Ratgebers beendet. Das Volk wurde von Militär und Bürgerwehr kurze Zeit später entwaffnet, und der König ließ die im März aus Berlin abgezogenen Truppen wieder in die Hauptstadt einrücken.

Am 11. September entsteht unter Friedrich Wilhelms maßgeblicher Mitwirkung der Geheimplan für einen Staatsstreich. Zwei Tage später ernennt der preußische König den General Friedrich von Wrangel zum Oberbefehlshaber aller um Berlin zusammengezogenen Truppen. Dieser soll zum gegebenen Zeitpunkt Berlin besetzen und jeden Widerstand militärisch brechen.

Ende Oktober fragt der Monarch bei Graf Anton an, ob es dieser für ratsam hielte, schon jetzt mit königstreuen Soldaten in Berlin einzumarschieren. Dieser rät ihm, für ein militärisches Eingreifen erst einen geeigneten Vorwand zu suchen. Öffentlich aber müsse der König bekunden, daß er keinen Staatsstreich plane. Das preußische Parlament dürfe auch nicht sofort aufgelöst werden, vielmehr gelte es, dessen Rechte schrittweise einzuschränken. Für die gegenwärtige Situation empfiehlt er dem König eine Reihe von Ausnahmegesetzen, so das „Verbot der Volksversammlungen" und die „Untersagung gefährlicher Zeitungen".

Der Monarch folgt diesen Ratschlägen: Am 1. November setzt er eine neue, ihm ergebene Regierung ein. Acht Tage später ordnet der König die zwangsweise Verlegung des preußischen Parlaments von Berlin in die Provinzstadt Brandenburg an. Tags darauf besetzt General Wrangel mit dreizehntausend Soldaten Berlin. Die Bürgerwehr gibt ihre Waffen kampflos ab. In Preußens Hauptstadt herrscht nun das Militär. Die demokratische Presse wird verboten, das Versammlungsrecht aufgehoben. Anfang Dezember löst Friedrich Wilhelm IV. das Parlament auf. Der Staatsstreich ist beendet, die Macht des Königs wiederhergestellt.

Mit seinen Ratschlägen ist Graf Anton zu Stolberg-Wernigerode – obwohl er vermutlich in den Geheimplan nicht eingeweiht war – zu einem Wegbereiter des Putsches geworden. Der Monarch weiß diesen ihm erwiesenen Dienst zu schätzen: 1851 ernennt ihn Friedrich Wilhelm IV. zum Oberkämmerer, Staatsminister sowie zum Minister des Königlichen Hauses. Drei Jahre später stirbt Anton. Der Ratgeber des Königs wird auf dem Theobaldifriedhof zu Füßen des Wernigeröder Schlosses begraben.

Ein Prunkschloß für „Durchlaucht"

𝔄m 30. Oktober 1858 feiert Graf Otto auf Schloß Wernigerode seinen 21. Geburtstag. Böllerschüsse, Kirchengeläut und „hellodernde Feuer" auf den Anhöhen um Wernigerode verkündeten bereits am Vorabend das Fest. Nunmehr volljährig, übernimmt der Enkel des Grafen Henrich an jenem Tag auch die Regierungsgewalt in der Grafschaft, denn sein Vater starb schon vor vielen Jahren. Die Feierlichkeiten werden pompös begangen; sie dauern über eine Woche.

Der junge Graf ist ein ehrgeiziger Mann mit einem großen Repräsentationsbedürfnis. Er möchte als Politiker Karriere machen. Deshalb genügt auch das schlichte Wernigeröder Barockschloß seinen Ansprüchen bald nicht mehr. Tatsächlich befindet es sich in einem schlechten Zustand. Da Ottos Großvater ein

Graf Otto zu Stolberg-Wernigerode (1837–1896) um 1866

Nach dem Sieg Preußens im Krieg gegen Österreich (1866) besetzte Preußen das mit Österreich verbündete Königreich Hannover. Es kam als neue Provinz zu Preußen, die Graf Otto bis 1873 als erster Oberpräsident verwaltete. Von 1876 bis 1878 vertrat der Schloßherr das Deutsche Reich im Nachbarstaat Österreich-Ungarn als Botschafter.

Carl Frühling (1839–1912)

Der Schloßbaumeister, geboren in Blankenburg (Harz), studierte an der Technischen Hochschule in Braunschweig.
Er wurde gerühmt als „ein überaus befähigter Architekt".
Von ihm liegen über tausend Planskizzen, Entwürfe und Bauzeichnungen
zum Wernigeröder Schloßumbau vor, darunter viele Detaildarstellungen. Im April 1880 ernannte
Graf Otto den sehr geschätzten Baumeister zum „Baurat".

sparsamer, fast geiziger Schloßherr war, wurden in den zurückliegenden Jahrzehnten am Bauwerk nur die allernötigsten Reparaturen durchgeführt. Außerdem sind die Räume nach Meinung des Grafen recht klein, zumindest aber kaum ausreichend beheizbar. Ottos Schwester Eleonore schreibt später über das alte Barockschloß: „Seine Fenster und Türen schlossen schlecht, die Kamine rauchten, und ich weiß, wie wir mit zugehaltenem Mund durch den dicken Qualm über die Gänge liefen."

Das alles möchte Graf Otto weder sich selbst noch seinen künftigen Gästen zumuten; ein großzügiger Schloßumbau soll Abhilfe schaffen. Damit beauftragt er den jungen Blankenburger Architekten Carl Frühling. Doch als dieser im Mai 1862 die Arbeit aufnimmt, ahnt wohl niemand, daß das neue Prunkschloß erst 1883 fertig sein wird.

Carl Frühling kopiert alte Baustile, hauptsächlich Gotik und Renaissance. In Deutschland und Frankreich besichtigt er viele Schlösser und erfährt so für seine Arbeit Anregung. Der gräfliche Baumeister ahmt die wehrhafte Ritterburg des Mittelalters nach. Einige Türme und Mauern der alten Wernigeröder Veste werden wiederhergerichtet. Ein neuer, zweiundfünfzig Meter hoher Bergfried überragt die ganze Anlage. Doch im 19. Jahrhundert dient ein solcher Turm nicht

Urkunde zum 25jährigen Regierungsjubiläum
des Grafen Otto

Rechts zu sehen das Barockschloß (1858)
und links der Prunkbau (1883)

mehr zur Verteidigung, er ist lediglich „Lug ins Land". Angedeutete Schießscharten und Pechnasen geben dem Schloß ein trutziges Aussehen.

Verbaut wird hauptsächlich Sandstein aus der näheren Umgebung und aus
Frankreich, aber auch heimischer Granit, Porphyr, Muschelkalk und Basalt
sowie Marmor aus Belgien. Der Baumeister soll prunkvoll gestalten, deshalb
spart er nicht mit Details und Verzierungen. Kleine Erker, Nischen, Giebel,
Gesimse, Portale, steinerne Fabelwesen, Türmchen und Wasserspeier schmücken
die einzelnen Gebäude.

Für den so aufwendigen Schloßumbau hat Graf Otto eine Vielzahl Maurer und
Steinhauer einstellen lassen. Pro Woche erhalten sie etwa elf Mark. Ihr Verdienst
ist damit geringer als anderswo bei einer täglichen Arbeitszeit von zehneinhalb
Stunden. Mehrmals bitten sie den Grafen um Lohnerhöhungen. In einer Petition
heißt es: „Seit Jahren haben wir Hochgräfliche Bauten treu und unverdrossen als
Maurer ausgeführt... Da indeß jetzt alle Lebensmittel sowie Mieten etc. sehr
teuer sind, so bitten wir unterthänigst, Euer Erlaucht mögen uns doch zu unserem
jetzigen Lohne eine Zulage gewähren... Nur die größte Noth treibt uns zu dieser
Bitte."

Die Schloßkirche

wurde nach dem Vorbild französischer Kathedralen und deutscher Kirchen des Rheingebiets zwischen 1870 und 1880 im neugotischen Stil errichtet. Wegen ihrer zentralen Lage und architektonischen Pracht gilt sie als das bedeutendste Gebäude des Schloßumbaus. Die Entwurfzeichnungen stammen von dem berühmten Wiener Architekten Friedrich Schmidt. Kanzel und Hauptaltar wurden aus Marmor und Sandstein gefertigt. Die Reliefs an der Kanzel schuf der Bildhauer Carl Dopmeyer aus Hannover.

Graf Otto lehnt die Bittgesuche ab. Dennoch bleiben die meisten Männer beim Schloßbau. Sie sind auf das Einkommen angewiesen. Dabei ist ihre Tätigkeit nicht ungefährlich, bald häufen sich die Unfälle.

So arbeitet der Steinhauer Gottlieb Vollmer trotz Augenverletzung zunächst weiter, da, wie er schrieb, „die Noth um das tägliche Brot mich dazu zwang". Schließlich muß der Mann an beiden Augen operiert werden. Gesundheitsgefährdend ist die Arbeit ohnehin. Beim Zurechthauen der oft riesigen Sandsteinquader entsteht feiner Staub, der sich in den Lungen festsetzt. Als zwei Maurer an der „Schwindsucht" sterben, rät ein Arzt, den Stein anzufeuchten und nicht in geschlossenen Räumen zu arbeiten.

Neorenaissance-Fachwerkbau im Schloßinnenhof

Aufsehen erregt der Fall des Steinmetzen Carl Mehmecke. Nach einem Arbeitsunfall wird dem Mann ein Bein amputiert. Doch der Baumeister will auf den fleißigen und geschickten Handwerker nicht verzichten, zudem hat Carl Mehmecke drei kleine Kinder zu versorgen. Er kehrt daher wieder zum Schloßbau zurück, erkrankt aber im Mai 1877 aufgrund „der ungesunden Beschäftigung". Der Staub des Sandsteins hat die Lungen angegriffen. Als sein Arzt meint, der Patient wird „dem Leiden bald erliegen", genehmigt Graf Otto eine wöchentliche Unterstützung von sechs Mark. Mit dem Tod des Steinmetzen am 15. Juli 1877 entfällt diese Beihilfe. Den Hinterbliebenen läßt der Graf siebzig Mark auszahlen. Das „einmalige Gnadengeschenk" reicht nicht einmal, um die Arzt- und Apothekergebühren zu begleichen.

Der Umbau kostet Graf Otto fast zwei Millionen Mark. Einschließlich der neuen Inneneinrichtung wird der Gesamtwert des Schlosses auf fünf Millionen Mark geschätzt, das wären heute mehr als hundert Millionen Mark. Das Prunkschloß verfügt über etwa zweihundert Räume, eine große Freiterrasse sowie über Kirche und Festsaal. Von der ursprünglichen Burg und dem späteren Barockschloß bleibt kaum etwas erhalten.

Die meist farbig ausgemalten Zimmer verbindet ein Labyrinth von Korridoren und Gängen sowie von Haupt-, Neben- und Wendeltreppen mit insgesamt über tausend Stufen. Viele Räume sind mit hölzernen Kassettendecken, Wandpaneelen, Parkettfußböden und wuchtigen Kaminen ausgestattet.

Carl Frühling ist es gelungen, das Bauwerk den Gegebenheiten der Landschaft anzupassen. Von allen Seiten bietet das Schloß eine reizvolle Silhouette, die sich je nach dem Blickpunkt ändert. Es gibt keine „tote Seite", keine düstere Hinterfront seiner Fassade. Zwischen Schloßanhöhe und Agnesberg ist eine schöne Parkanlage entstanden. Hier tummeln sich in einem Zwinger zwei Braunbären. Die Tiere sind ein Geschenk der russischen Zarenfamilie. Spiralförmig windet sich eine Fahrstraße um das neue Schloß. Sie führt hinauf bis in den höher gelegenen Innenhof.

Gleich hinter dem Haupttor rechts erhebt sich mit neuem Dach der alte Hausmannsturm. Von hier aus führt ein Tunnel zur großen Freiterrasse. Aber das

Wasserspeier und Fabelwesen als architektonischer Schmuck

Verzierter Balkenkopf an der Kassettendecke im Festsaal

Fallgitter am Tunneleingang täuscht Wehrhaftigkeit nur vor, ist Attrappe, denn heruntergelassen werden kann es nicht.

Ein neuer Marstall in der Nähe des Tiergartens ist groß genug, um auch Pferde und Kutschen der so zahlreich anreisenden hohen Gäste aufzunehmen. Herzöge, Fürsten, Prinzen und selbst Könige und Kaiser beehren das Wernigeröder Schloß mit ihrem Besuch. Graf Otto, inzwischen zu einem der führenden Politiker im Deutschen Reich aufgestiegen, möchte sich auch als repräsentierender Gastgeber der Gunst solcher mächtigen Herren versichern.

Schon im November 1868 reiste erstmalig Preußens König Wilhelm I. zur Jagd nach Wernigerode. Stolz ließ der Schloßherr verkünden: „Der König kommt! Freude und Jubel herrscht bei uns und in unserer Grafschaft allüberall!" Anlaß seines Besuches gab nämlich ein Jubiläum: Anno 1268, also vor sechshundert Jahren, hatten die Wernigeröder Burgherren ihren Besitz den Markgrafen von Brandenburg als Lehen angetragen. Mit der Betonung dieses Jahrestages wollte Graf Otto die lange Zugehörigkeit der Grafschaft zum preußischen Königshaus würdigen.

Auch in den folgenden Jahren ist Wilhelm I., ab 1871 deutscher Kaiser, auf Schloß Wernigerode ein häufiger Gast. Stets wohnt der greise Monarch dann in den nach ihm benannten „Königszimmern". Nach getanem Weidwerk wird in der neuen „Ritterhalle" oder im Festsaal fürstlich gespeist. Die Wände der „Rit-

Der „Königsflur"

*führt an den „Königszimmern" vorbei. Wie die „Ritterhalle", so schmückten auch ihn zahlreiche
alte Rüstungen und Waffen. An den Wänden hingen Schwerter, Degen, Dolche, Pistolen und
Gewehre, dazwischen angebracht waren verschiedene Harnische und Helme.*

terhalle" schmücken Rüstungen, Waffen, Trophäen und eine Ahnengalerie. Im benachbarten Rauchsalon hat auch Kaiser Wilhelm so manches Mal in gemütlicher Runde vor dem Kaminfeuer gesessen.

Am 22. Oktober 1890 erteilt Kaiser Wilhelm II. dem Grafen Otto die Genehmigung zur Führung des Reichsfürstentitels, damit verbunden ist die Anrede „Durchlaucht". So wird sieben Jahre nach Abschluß der Bauarbeiten aus der prunkvollen Grafenresidenz ein Fürstenschloß.

Die „Königszimmer"

sind die einzigen aus der Zeit des Schloßumbaus original erhaltenen Räume. Sie wurden als
Gästezimmer genutzt. Ihre Zimmerflucht bestand aus Arbeitszimmer (siehe S. 112 unten),
Wohnzimmer (siehe S. 112 oben) und Schlafgemach mit Bad und Toilette.
Die im heutigen Feudalmuseum Schloß Wernigerode zu besichtigenden „Königszimmer"
sind ein Musterbeispiel für die gesamte damalige Innenarchitektur des Schlosses.
Stühle, Sessel, Tisch und Sofa im Arbeitszimmer wurden mit reichem Schnitzwerk
mittelalterlichen Möbeln nachgebildet. Über der Rückenlehne des Sofas
erhebt sich ein Aufsatz mit Ranken, Blattwerk und Jagdmotiven.
Andere Einrichtungsgegenstände, wie die großen Kannen und der Kohlekasten im Wohnzimmer,
waren lediglich Zierrat. Im Schlafzimmer findet sich am Kopfende des Bettes die Inschrift:
„Was am Tag Du Schönes gedacht, werde Dir zum Traum der Nacht."

Der Festsaal

diente für größere Familienfeierlichkeiten und repräsentative Empfänge. Er liegt im Obergeschoß des ehemaligen „Steinernen Hauses". Eine hölzerne Kassettendecke mit prächtigem Kronleuchter, die Musikempore für das Orchester und ein Büfett, wo wertvolles Silbergeschirr nur zur Schau aufgebaut wurde, bestimmen die Innenausstattung. Auf drei großen Wandgemälden sind wichtige Ereignisse aus der Geschichte der Stolberger Grafen dargestellt.

Wir Hüttenarbeiter verlangen...

𝔙öllig überraschend erscheint eine siebenköpfige Abordnung der Ilsenburger Hüttenleute am 22. März 1873 bei dem Verwalter in der Faktorei ihres Ortes. Hier glaubt man nicht richtig zu hören, als die Männer für sich und alle anderen Arbeiter Lohnerhöhungen, eine Verkürzung der täglichen Arbeitszeit von zwölf auf zehn Stunden und die Abschaffung des in der „Hüttenordnung" vorgeschriebenen Heiratskonsenses verlangen.

Der Verwalter steht im Dienst des Grafen Otto. Da er den Arbeitern nichts versprechen kann, schicken sie zwei Tage später dem Schloßherrn in Wernigerode eine Petition. Das Schreiben trägt die 106 Unterschriften aller Arbeiter der Ilsenburger Maschinenfabrik. Insgesamt sind in den verschiedenen Hüttenbetrieben etwa 430 Arbeiter beschäftigt.

Graf Otto ist über das Ansinnen zunächst empört. Sein Großvater, Graf Henrich, hatte 1832 in einer „Hüttenordnung" von den Arbeitern verlangt: „Uns und Unserem Gräflichen Hause treu, gehorsam und unterthänig zu sein." Der „Mangel an Gehorsam und Achtung" wurde mit Geldbußen „bis zur Höhe eines zweitägigen Lohns" oder auch mit Entlassung bestraft. Außerdem galt, wer zu spät zur Arbeit erschien, seinen Arbeitsplatz oder die Fabrik unerlaubt verließ, bekam für die ganze oder eine halbe Schicht keinen Lohn. Für die Heirat bedurfte der Hüttenarbeiter einer gräflichen Genehmigung, eines „Konsenses", die meist vor dem sechsundzwanzigsten Lebensjahr nicht erteilt wurde.

Daran wollte Graf Otto bisher auch nichts ändern. Aber angesichts dieser Petition fühlt er sich unter Druck gesetzt und erfüllt eine Woche später wenigstens eine der Forderungen: Der Arbeitstag wird verkürzt. Er dauert künftig zehneinhalb Stunden, von fünf Uhr bis siebzehn Uhr, einschließlich der Pausen von insgesamt neunzig Minuten. Ein Jahr später wird auch Paragraph 18 der „Hüttenordnung", der gräfliche Heiratskonsens, aufgehoben.

Der Weg bis hin zu diesem Teilerfolg war für die Hüttenleute lang und beschwerlich. Im März 1870 hatten sie ihr erstes Gesuch um Verkürzung der Arbeitszeit noch mit den Worten begründet: „...Anlaß zu unserer gehorsamsten Bitte gibt uns einerseits die körperlich anstrengende Arbeit, andererseits die Einführung dieser kürzeren Arbeitszeit bei vielen anderen Fabriken. Auch sind wir überzeugt, daß Hochgräflicher Faktorei ein erheblicher Verlust nicht daraus erwächst, da die Verkürzung, abgesehen davon, daß die meisten Arbeiten im Akkord ausgeführt werden, teils durch regeres Arbeiten während der kürzeren Arbeitszeit, teils durch Ersparnis an Beleuchtung und Heizmaterial im Winter wohl fast ausgeglichen werden müßte."

Graf Otto zu Stolberg-Wernigerode (um 1890)

gehörte zu den reichsten Großgrundbesitzern Deutschlands. Sein Besitz umfaßte etwa 60 000 Hektar. Von 1878 bis 1881 war er Vizekanzler des Deutschen Reiches. Die gräfliche Land- und Forstwirtschaft, die Hüttenbetriebe in Ilsenburg, eine Magdeburger Maschinenfabrik und die Zuckerfabrik in Wasserleben erwirtschafteten zusammen alljährliche Gewinne von rund zwei Millionen Mark.

Damals sah Graf Otto keinen Grund, der Bitte zu entsprechen. Doch inzwischen hat die im Deutschen Reich immer stärker werdende Sozialdemokratie auch unter den Ilsenburger Hüttenarbeitern Einfluß gewonnen. Das zwingt ihn jetzt zu manchem Zugeständnis. Der Schloßherr meint, die ihm verhaßte Sozialdemokratie allein durch soziale Reformen wirksam bekämpfen zu können. Im März 1873 wird die Krankenfürsorge für alle im gräflichen Dienst stehenden Berg- und Hüttenleute, darüber hinaus auch für Köhler, Holzhauer, Forst-, Steinbruch-, Garten- und Waldarbeiter, Fuhrleute und Tagelöhner verbessert. Eine „Arbeiter-Pensionskasse" gewährt Renten an Witwen, Ganz- und Halbinvaliden sowie Beiträge zu Beerdigungskosten und zur Unterstützung von Waisenkindern.

Trotz dieser Reformen klagt die Ilsenburger Faktorei über zunehmende Aktivitäten der Sozialdemokratie. Viele Hüttenleute schließen sich der Sozialistischen Arbeiterpartei an, die 1875 aus der Vereinigung der Sozialdemokratischen Arbeiterpartei und des Allgemeinen Deutschen Arbeitervereins hervorgeht. Ihre Wernigeröder Ortsgruppe wächst in kurzer Zeit auf über dreihundert Mitglieder an.

Bei den Reichstagswahlen von 1877 erhält die Arbeiterpartei eine halbe Million Stimmen. Im Reichstag sitzen künftig zwölf sozialdemokratische Abgeordnete.

116

Vor allem organisiert die Partei den Kampf gegen die Ausbeutung der Arbeiter. Die Herrschenden sehen in den Bestrebungen der Sozialdemokratie eine drohende Gefahr, befürchten eine zunehmende Einbuße ihrer Macht. Mit Gesetzeskraft suchen sie das zu verhindern.

Im Juni 1878 ernennt der Kaiser den Grafen Otto zum Stellvertreter des Reichskanzlers Bismarck. Unter seiner Mitwirkung erarbeitet die Regierung ein Gesetz „gegen die gemeingefährlichen Bestrebungen der Sozialdemokratie", das der Reichstag im Oktober 1878 verabschiedet. Dieses „Sozialistengesetz" verbietet die Sozialistische Arbeiterpartei, deren Organisationen und Druckschriften. Sozialdemokraten müssen sich künftig wie Verbrecher vor der Polizei verbergen.

In seinen Fabriken macht Graf Otto die weitere Beschäftigung der Arbeiter vom politischen Wohlverhalten abhängig. In einem Rundschreiben weist er an, „sozialdemokratisch verdächtige Arbeiter sofort zur Entlassung zu bringen". Der Besuch mehrerer Gaststätten, von denen bekannt ist, daß sich dort Sozialdemo-

Ilsenburger Hammerschmiede
(Gemälde von Robert Riefenstahl, 1893)

Seit dem 15. Jahrhundert wurde bei Elbingerode gefördertes Eisenerz in Ilsenburg verarbeitet. Sämtliche Hüttenbetriebe gehörten dem Grafen, ihre Verwaltung oblag einer gräflichen Faktorei. Die in Ilsenburg gegossenen Ofenplatten waren weltberühmt. – Das 1828 errichtete Ilsenburger Walzwerk produzierte vor allem Schienen für Grubenbahnen; in der Maschinenfabrik wurden hauptsächlich Dampfmaschinen, hydraulische Pressen, Bohr- und Hobelmaschinen hergestellt. Eine Nagelhütte lieferte Schienennägel für den Eisenbahngleisbau. Zudem produzierten die Hüttenbetriebe Draht, des weiteren stellten sie aus Eisen Stühle, Tische, Treppen, Geländer, Gitter, Prunkwaffen, Werkzeuge und Öfen her. Die gräfliche Maschinenfabrik in Magdeburg baute in erster Linie Apparaturen für die mitteldeutsche Zuckerindustrie.

Otto von Bismarck (1815–1898)

war seit 1862 preußischer Ministerpräsident und von 1871 bis 1890 erster Kanzler
des Deutschen Reiches.

kraten heimlich treffen, wird allen im gräflichen Dienst stehenden Personen
untersagt.

Niemand wagt dagegen offen aufzubegehren. Aber die Ruhe trügt. Um den
politischen Kampf zu tarnen, gründen die Wernigeröder Sozialdemokraten einen
„Volksbildungsverein“. Hier werden in der Illegalität hergestellte Flugschriften
und Zeitungen vertrieben und gesellige Zusammenkünfte zur politischen Demon-
stration genutzt. An den Versammlungen des „Bildungsvereins“ nehmen auch
Ilsenburger Hüttenleute teil.

Im Juli 1883 organisieren Sozialdemokraten aus Wernigerode und Halberstadt
einen aufsehenerregenden Demonstrationszug. Als Teilnehmer einer Landpartie
getarnt, ziehen zirka sechshundert, aus Halberstadt kommend, auch durch die
Straßen von Wernigerode. Mitgeführt wird „in Ermangelung der roten Fahne“
ein riesengroßer roter Regenschirm mit weißer Schrift und schwarzen Troddeln,
behängt mit bunten Lampions, die am Abend angezündet werden. Tags darauf
drohen die städtischen Behörden für den Wiederholungsfall mit Polizeimaßnahmen.

Drei Monate später feiert Graf Otto aufwendig den 25. Jahrestag seines Regie-
rungsantritts. Am Festumzug, hinauf zum neu erbauten Wernigeröder Schloß,

beteiligen sich über vierhundert Männer der Ilsenburger Knappschaft. Sie tragen ihre schwarze Bergmannstracht. Zusammen mit zahlreichen Handwerkerinnungen, den Feuerwehren, den Schützen- und Turnvereinen paradieren sie fahnenschwenkend im Innenhof an Graf Otto vorbei. Die Arbeiter haben verschiedene Werkzeuge bei sich: Zangen, Hämmer, Eisenstangen oder Gießlöffel für den Eisenkunstguß. Einige Hüttenleute gratulieren Graf Otto im Namen der Knappschaft.

Bald darauf erhält die sozialdemokratische „Halberstädter Sonntagszeitung" eine anonyme Zuschrift „mehrerer gräflicher Hüttenarbeiter": Sie hätten, so wird mitgeteilt, nur aus Angst vor einer möglichen Entlassung an den Festlichkeiten dieses Jubiläums teilgenommen, auch sei ihnen „der Lohn für diesen Ehrentag in Abzug gebracht" worden.

Das Blatt, das trotz „Sozialistengesetz" noch erscheint, unterstützt seit Jahren den Kampf der Ilsenburger Hüttenleute für bessere Arbeitsbedingungen. Oft prangerte diese Zeitung Mißstände an. Von den Arbeitern darf sie deshalb unter Strafandrohung nicht gelesen werden. Die anonyme Zuschrift ist kaum veröffentlicht, da wird die „Sonntagszeitung" verboten und der Redakteur zu einer Gefängnisstrafe verurteilt.

In der Zeit des „Sozialistengesetzes", also bis 1890, geht die Staatsmacht in der Grafschaft Wernigerode in hundertzweiundfünfzig Fällen mit Strafmandaten oder in gerichtlichen Verfahren gegen Sozialdemokraten vor. Als das Ausnahme-

Reichstagsprotokoll

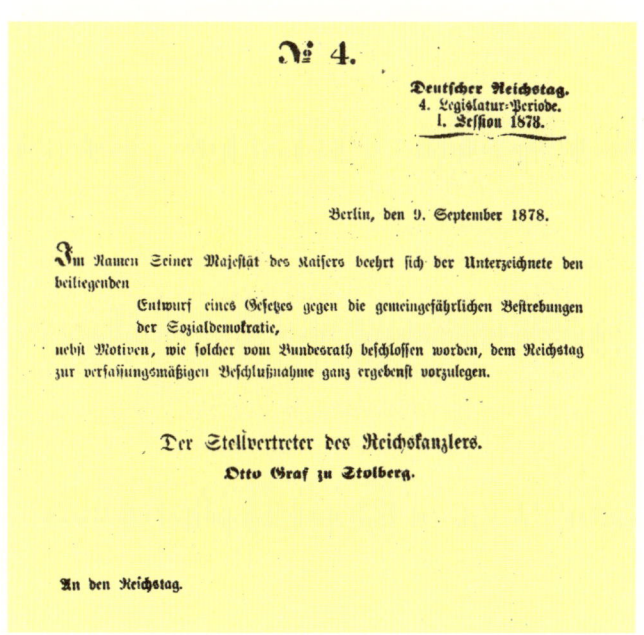

gesetz im Herbst 1890 vom Reichstag nicht verlängert und schließlich aufgehoben wird, kann von einer gebrochenen Kampfkraft der Sozialdemokratie keineswegs die Rede sein. Seit 1877 haben sich im gesamten Land ihre Wählerstimmen fast verdreifacht. Auch in der Grafschaft Wernigerode geht sie aus der Zeit ihres „gesetzlichen" Verbots gestärkt hervor. 1892 hebt der inzwischen fürstliche Schloßherr sämtliche Bestimmungen der alten „Hüttenordnung" auf. Damit erfüllt sich für die Ilsenburger Hüttenleute eine jahrzehntealte Forderung.

Zur Walpurgisnacht auf den Brocken

Als dem Schloßherrn, Fürst Christian Ernst zu Stolberg-Wernigerode, am 1. Mai 1895 eine Tochter geboren wird, läßt er sie auf den Namen Walpurgis taufen. Ein seltener Name, der ihm vielleicht zum Zeichen an die vorangegangene Walpurgisnacht in den Sinn gekommen ist. Denn in der Nacht zum 1. Mai treffen sich der Sage nach alljährlich die Hexen mit dem Teufel, um gemeinsam ein höllisches Fest – die Walpurgisnacht – zu begehen. Namenspatronin ist die heilige Walpurga, eine Äbtissin, welche im 8. Jahrhundert lebte. Sie allerdings gilt als Beschützerin gegen allerlei Krankheiten und hat mit dem Hexen- und Teufelsspuk nichts zu tun.

Des Fürsten Schloß und der 1 143 Meter hohe Brocken liegen sich gegenüber. Seit dem 12. Jahrhundert gehört der höchste Berg des Harzes den Wernigeröder Grafen, bekannt als Schauplatz jener sagenhaften Walpurgisnacht: Da sausen, von bösen Geistern verführt, Weiber und Mädchen wie der Wind zu diesem „Blocksberg" hinauf. Meist reiten sie rücklings und völlig nackt auf Besenstielen, Ofengabeln, Strohwischen, auch auf Ziegenböcken, Katzen, Hunden oder feurigen Drachen. Einige dieser „Hexen" bestreichen sich vorher mit einer Salbe, wobei sie den Spruch murmeln: „Fahre hin, nach dem Blocksberg steht mein Sinn!" Die Salbe wird aus verschiedenen Kräutern, Schlangen- oder Menschenfett und aus zermahlenen Totenknochen von ihnen selbst angemischt. Aber erst wenn die Ehemänner schlafen oder geschickt getäuscht wurden, können die Hexen durch den Schornstein des Hauses entweichen und die unheimliche Reise antreten. Erreichen sie nach stürmischem Ritt in finsterer Nacht endlich den Brocken, sind die Steinklippen und verkrüppelten Fichten dieses Berggipfels sogleich von dichtem Nebel eingehüllt, und aus den Brockenmooren tauchen

Blick auf Schloß Wernigerode vom Agnesberg aus

flimmernde Irrlichter auf. Hier oben treibt Urian, der Teufel, sein Unwesen. Ihm berichtet jede Hexe über sämtliche von ihr im Jahr zuvor verübten Schandtaten. Während der Teufel dann von seiner Kanzel herab eine gotteslästerliche Predigt hält, wird ein weithin „duftendes" Hexen-Festmahl bereitet. Zu verzehren sind Kröten, Leber, Herzen und das Fleisch ungetaufter Kinder. Den Wein dazu liefert der Hexenbrunnen. Mehrere Hexen stehen gebückt und tragen im Gesäß brennende Kerzen, so erhellen sie als „Leuchter" die Tafel. Dem Gelage folgen Tanz und schamlose Teufelsbuhlschaft, wobei alle Hexen dem Satan den Hintern küssen. Am liebsten tanzt der Teufel mit den jüngsten und schönsten Hexlein, und so vergeht die Zeit in ausschweifender Lustbarkeit, „bis daß in den Tälern die Hähne krähn". Beim ersten Morgenschimmer fliegen die Hexen augenblicks von dannen, und der unheimliche Spuk ist wieder einmal vorbei...

Der schwer zugängliche Brocken begünstigte das Entstehen solchen Aberglau-

„Bloks Bergs Verrichtung"
(Illustration zum gleichnamigen Buch von Johannes Prätorius)

Der „Bloksberg" galt als ein Ort überregionaler Hexenfeiern. Viele Berge wurden so genannt,
neben dem Brocken auch die Hörselberge bei Eisenach und der Inselsberg im Thüringer Wald.
Johannes Prätorius hat 1668 die abergläubischen Vorstellungen über die Walpurgisnacht auf dem
Brocken in seinem Buch „Bloks Bergs Verrichtung« so beschrieben:
Dorthin flogen die Hexen zum „Sabbat", meist gleich scharenweise auf Ziegenböcken.
Wie der Christ den Sabbat Gottes beging, feierten sie den Teufelssabbat. Dabei äffte Luzifer
in einer „schwarzen Messe" den christlichen Gottesdienst nach. Er lästerte über Gott,
bespuckte das Kreuz und trat es mit Füßen. Die Hexen mußten dem Teufel, der
Bocksgestalt annahm, beichten, und dieser vergab ihnen sämtliche Sünden.

122

Hexen beim Mischen der Zaubersalbe
(Holzschnitt von Hans Baldung, genannt Grien, 16. Jh.)

bens. Bis weit ins 15. Jahrhundert verhinderten die den Berg umgebenden Moore und Urwälder jeden Zugang und jede Besteigung. Gespenstisch muteten auch seine schnell wechselnden Wettererscheinungen, die Wolkenhüllen, Stürme und Gewitter, an, ebenso die Landschaft des Gipfels mit vielen verworfenen Baumstämmen, Felsbrocken und Höhlen. Einige seltsam geformte Klippen wurden als Teufelskanzel und Hexenaltar gedeutet.

Im Jahre 1895, als der Fürst seine Tochter Walpurgis nennt, glaubt kaum noch jemand an die unheimliche Walpurgisnacht. Im Gegenteil, der Teufels- und Hexenspuk wird fröhlich nachgeahmt. Seit 1889 feiern wackere Wanderburschen und Studenten alljährlich auf dem Berggipfel die „verrufene Nacht". Ab 1901 setzt die Harzquerbahn sogar Sonderzüge ein, um die „neuzeitlichen Teufel", vereint in der Walpurgis-Gesellschaft, zum Brocken zu befördern.

Von mehreren Lokomotiven gezogen, keuchen die geschmückten Extrazüge zum Blocksberg hinauf. Die meisten Fahrgäste haben sich kostümiert, schwenken bunte Lampions, tragen Teufels- und Hexenmasken. Viele halten einen Reisigbesen in Hand. Kurz vor der Bahnstation Drei Annen Hohne winken die „Hexen" und „Teufel" Schloß Wernigerode zu, das sich auf dem gegenüberliegenden Bergrücken majestätisch erhebt.

123

Im Brockenhotel wird zur Walpurgisnacht ein Festmahl mit phantasievollen Namen geboten. Der Wirt serviert „Schlangensuppe mit Salamanderschwänzen, Krötenragout mit Froschlaich, Hexenschinken vom Roß mit Teufelstunke", ein anderes Mal „Walpurgasuppe, Höhlenbärenschinken in roter Zaubertunke, garniert mit Teufelsröhren und Brockenmoorzwiebeln, Blocksbergpillen mit Beelzebubzähnen, Hexenfilet überm Fegefeuer geschmort von des Teufels Großmutter". Schlag Mitternacht eilt die Walpurgis-Gesellschaft zur steinernen „Teufelskanzel", wo ihr „oberster Satan" die traditionelle „Predigt" hält. Sie ist einer Büttenrede zur Faschingszeit vergleichbar.

Zur Feier der Walpurgisnacht kommen im Jahre 1903 über fünfhundert Menschen auf den Brocken. Ihnen ruft der aus ihrer Mitte stammende „Hexenmeister" von seiner „Teufelskanzel" zu:

„Heut geben Ärzte manchmal Gift zu saufen,
Und kommen doch nicht auf den Scheiterhaufen.
's menschlicher geworden in der Welt,
Das ist es, was uns Teufeln nicht gefällt.

Für jetzt seid insgesamt Ihr eingeladen,
Euch kräftig in dem Hexentrank zu baden.
Auf! Seid nicht bange, daß zu toll Ihr's treibt,
Der ist kein Teufel, der heut nüchtern bleibt."

Doch im Jahr darauf artet der Spaß gar zu arg aus. Betrunkene Gäste lassen im Hotel die Sektkorken knallen, Inventar geht zu Bruch, auch der Sonderzug wird auf der Heimfahrt beschädigt. Eine Zeitung berichtet, die vielen „blut"-jungen „Hexen" aus Berlin, Magdeburg, Braunschweig und Wernigerode hätten unter den „Teufeln" Verwirrung gestiftet. So mancher „Satan" sei bei ihrem Anblick übermütig geworden. Fürst Christian Ernst schreitet energisch ein und verbietet bis 1908 das Spektakel.

Dann aber fahren die Züge wieder, und alljährlich strömen Walpurgisfreunde auch aus Schweden, Dänemark, Norwegen und Holland zur Feier herbei. Einen Höhepunkt bringt das Jahr 1932. Im 100. Todesjahr Goethes begeht die Walpurgis-Gesellschaft zum dreißigsten Mal ihre Brockenfeier. Der Sonderzug ist den Kindern ein helles Vergnügen, denn „Brocken-Willi", der Oberquartiermeister der höllischen Gesellschaft, wirft Bonbons und Schokolade aus dem Wagenfenster. Eine der Reisegruppen präsentiert sich im Kostüm der Goethezeit. Der als Goethe verkleidete Schauspieler wird im Brockenhotel ehrfurchtsvoll begrüßt. Verschmitzt lächelnd meint der Mann, er habe den „Blocksberg" ganz anders in Erinnerung. Johann Wolfgang Goethe war im Jahre 1784 zum letzten Mal auf

„Teufel" und „Hexen" im Jahre 1932

dem Berggipfel. Später beschrieb er im „Faust" die Walpurgisnacht und dichtete
dort:

> „Ja, den ganzen Berg entlang
> Strömt ein wütender Zaubergesang!
> Die Hexen zu dem Brocken ziehn,
> Die Stoppel ist gelb, die Saat ist grün.
> Dort sammelt sich der große Hauf,
> Herr Urian sitzt oben auf."

Nur wenige Wochen vergehen, da ist der alte Geisterberg schon wieder in aller
Munde. Der Engländer Harry Price lädt zum magischen Experiment auf den
Blocksberg ein: Ein Ziegenbock soll sich in einen schönen Jüngling verwandeln.
In verstaubten Zauberbüchern habe er die Vorschriften der Beschwörung genau
nachgelesen, so behauptet er. Natürlich glaubt Harry Price nicht an Teufels- und
Hexenspuk. Ganz im Gegenteil – die Leute werden schon sehen, was er mit sei-
nem Experiment im Schilde führt. In der Nacht vom 18. zum 19. Juni 1932 soll das
Wunder geschehn. Zahlreiche Zuschauer haben sich auf dem Brocken eingefun-

Das Brockengespenst
(Stahlstich um 1890)

*Brockenbesucher berichteten seit der Mitte des 18. Jh. über diese Naturerscheinung: Wenn die Sonne
bei ihrem Auf- oder Untergang mit dem Berggipfel in gleicher Höhe steht und auf der entgegen-
gesetzten Seite Nebel aufsteigen, wirft sie „gespenstige" Schatten von Personen und Gegenständen auf
die Nebelwand, die sich vergrößern, verkleinern, bewegen, nähern oder entfernen.*

den, um die Beschwörung bei hellem Mondschein zu erleben. Harry Price spricht
die Zauberformel. Eine Jungfrau in weißem Gewand bestreicht den Ziegenbock
mit der aus dem Blut von Fledermäusen, Ruß und Bienenhonig zubereiteten
„Hexensalbe", dreht ihn dreimal herum, übergießt das Tier mit Rotwein und
bedeckt es schließlich mit einem weißen Laken. Die Anwesenden schauen
gespannt – aber als Harry Price nach einiger Zeit das Tuch wegzieht, steht statt
des Jünglings nach wie vor ein meckernder Ziegenbock im Zauberkreis.

Sicher waren manche enttäuscht. Also ist der Brocken doch kein Geisterberg.
Oder spukt es dort nur zur Walpurgisnacht?

Abschied von feudaler Pracht

Der ägyptische König Fuad ist im Juni
1929 Staatsgast des deutschen Reichspräsidenten. Er reist viel im Lande umher
und kommt auch nach Wernigerode. Fürst Christian Ernst hatte Fuad im Jahr
zuvor in Kairo besucht und ihn auf sein Schloß eingeladen. Der Sonderzug des

Monarchen wird am Nachmittag des 21. Juni auf dem Wernigeröder Bahnhof erwartet.

„König Fuad kommt! Was erst kein Mensch hatte glauben können, war Tatsache geworden... Aus der Grafschaft, aus Halberstadt und wer weiß, wo noch alles her, strömt es zu Fuß, zu Rad, in Wagen und Kraftfahrzeugen herbei", berichtet das „Wernigeröder Tageblatt". In den Straßen und auf den Plätzen der Stadt warten an diesem verregneten Junitag unzählige Menschen. Ein Tribünenplatz auf dem Markt kostet fünfzig Pfennig. Es scheint, als sei die ganze Bevölkerung auf den Beinen. Ob Kind oder Erwachsener, ein jeder möchte den orientalischen König aus dem fernen „Wunderland Ägypten" einmal zu Gesicht bekommen.

Auf dem Bahnhof begrüßt Christian Ernst seinen ausländischen Gast und dessen Gefolge. Fuad trägt einen langen schwarzen Anzug und als Kopfbedeckung den in seiner Heimat üblichen roten Fez. In einer offenen vierspännigen Kutsche begleitet Christian Ernst den König zum Marktplatz, wo ihn der Bürgermeister willkommen heißt. Anschließend fährt die Kutsche zum Schloß hinauf, auf dessen Fahnenturm nun zwei Tage lang die grüne ägyptische Königsstandarte mit dem weißen Halbmond und den drei weißen Sternen weht. Am Schloßtor spielt eine Musikkapelle die ägyptische Nationalhymne. In alter Landsknechtstracht hat dort auch die Schloßwache Aufstellung genommen.

Am Abend ist das Schloß hell erleuchtet. Gastgeber und Gäste versammeln sich im Festsaal zum Gala-Diner. Es wird auf ein Jubiläum angestoßen: Genau fünfhundert Jahre sind vergangen, seit die Stolberger Grafen im Juni 1429 die Graf-

Schloßwache um 1920

schaft Wernigerode erbten. Aber für Fürst Christian Ernst und seine Ratgeber ist das kein Anlaß zur Freude. Sie wissen, daß mit diesem Fest die Zeit der glanzvollen Empfänge und Bälle auf Schloß Wernigerode zu Ende geht.

Fürst Christian Ernst zu Stolberg-Wernigerode plagen erhebliche Geldsorgen. Mit über zwanzig Millionen Mark ist er verschuldet, und seine Gläubiger wollen jetzt ihr Geld zurück. Kreditgeber und Käufer hat der Fürst nicht gefunden. Deshalb kann selbst das Gesamtvermögen an Grundbesitz, Gebäuden und anderen „festen" Werten in Höhe von 90,7 Millionen Mark seine Zahlungsunfähigkeit nicht beheben. Im Jahr 1929 nimmt die fürstliche Verwaltung 4,6 Millionen Mark ein und gibt 10,5 Millionen Mark aus. Dem ägyptischen König bietet der Fürst eine feudale Pracht, die seinen Verhältnissen nicht entspricht.

Fuad übernachtet in den „Königszimmern". Am nächsten Tag besichtigt er zuerst die fürstliche Bibliothek im Lustgarten. Zwei Wochen später wird sie

Sitzordnung „Gala-Diner am 21. Juni 1929"

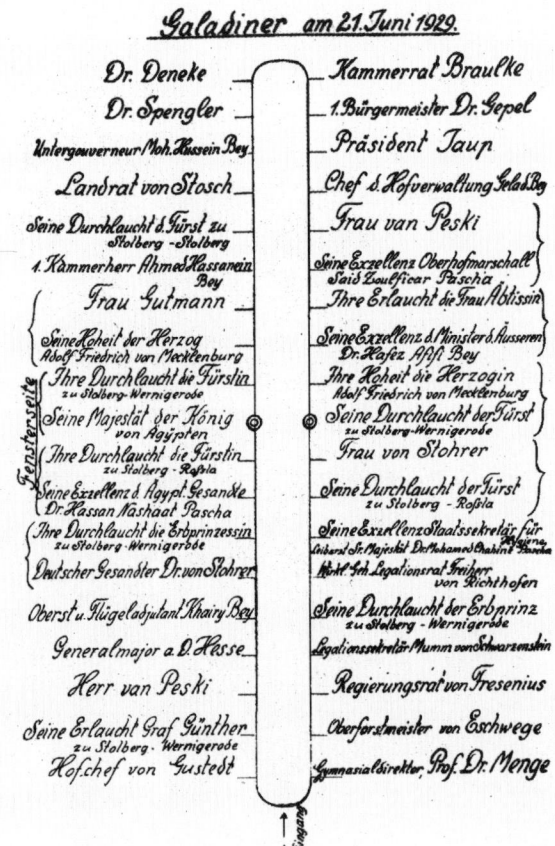

geschlossen und ein wertvoller Teil des Bestandes zur Tilgung von Schulden verkauft. Ihre Bibel- und Gesangbuchsammlung war in der Welt einzigartig.

Anschließend besucht Fuad die Ilsenburger „Fürst-Stolberg-Hütte". In der seit 1437 bestehenden Gießerei werden in Anwesenheit des Monarchen Motorteile für die Flugzeugwerke Junkers und Maschinenteile für die Magdeburger Werkzeugmaschinenfabrik gegossen. Eigenhändig gießt Fuad schließlich das Wappen seines Königshauses in Bronze, das ihm abends feierlich überreicht wird.

Seit 1925 hatte Fürst Christian Ernst versucht, seine Eisenhütte auf dem Weltmarkt konkurrenzfähig zu machen. Das Fertigungsprogramm sah hauptsächlich die Herstellung von Kränen, Dieselmotoren, Lokomotiven und Öfen vor. Doch es gelang nicht, die teuren Produkte gewinnbringend zu verkaufen. Seit 1928 erhält die Ilsenburger Hütte immer weniger Aufträge, denn andere Betriebe produzieren billiger. Dadurch wächst der Schuldenberg des Fürsten immer mehr.

Fuad fährt weiter durch das Ilsetal über Plessenburg. Drei Annen Hohne, hinauf zum Brocken. Als er gegen 18 Uhr wieder auf Schloß Wernigerode eintrifft, öffnet sich noch einmal für ihn der Festsaal zum abschließenden Gala-Diner. Anderthalb Stunden vor Mitternacht reist der ägyptische König in seinem Sonderzug von Wernigerode nach München. Fuads Königsfahne wird eingeholt und vier Wochen später – zum allerletzten Mal – auch die fürstliche Standarte, das goldgelbe Fahnentuch mit dem schwarzen Hirsch. Fürst Christian Ernst gibt das kostspielige Schloß als Wohnsitz auf und bezieht eine Villa in Schierke.

Die kleine „Fürst-Stolberg-Hütte" kann sich gegenüber den an Rhein und Ruhr ansässigen riesigen Monopolverbänden der Eisenindustrie nicht mehr lange behaupten. Eine im Herbst 1929 ausbrechende Weltwirtschaftskrise beschleunigt ihren Ruin. Die Ilsenburger Hüttenerzeugnisse sind mittlerweile so teuer, daß der Absatz auf ein Minimum sinkt. Am 23. Juni 1930, ein Jahr nach der Schauvorstellung für Ägyptens König, stehen in der Ilsenburger Hütte sämtliche Räder still. Dreihundert Arbeiter sind von heute auf morgen erwerbslos. Bald ist über Fürst Christian Ernst zu Stolberg-Wernigerode dieser Spottvers in vieler Munde:

> „Er stand auf seines Schlosses Zinne
> und schaute mit betrübtem Sinne
> auf die verschuldete Grafschaft hin.
> Dies alles war mir untertänig,
> gestand er zu Ägyptens König.
> Du siehst, daß ich nun pleite bin."

Die finanzkräftige Dresdener Bank verwaltet für einige Jahre den fürstlichen Besitz. Um die gewaltigen Schulden zu tilgen, werden alle Domänen veräußert. Der gesamte Wald der Grafschaft fällt an den preußischen Staat. Im Südharz

Werbeprospekt der Ilsenburger Hüttenbetriebe

Die hier produzierten Dieselloks wurden ursprünglich zu einem Stückpreis von 15 920 Mark angeboten. Eine andere Firma stellte die gleiche Lok aber für nur 11 020 Mark her. Um überhaupt verkaufen zu können, ging die Hütte mit dem Preis auf 12 500 Mark zurück. Damit arbeitete sie unwirtschaftlich.

kauft der Fürst zu Stolberg-Roßla für eine Million Mark 900 Hektar. Erst im Jahre 1934 ist der Schuldenberg des Fürsten Christian Ernst abgetragen. Ihm verbleiben das Wernigeröder Schloß, der Brocken mit dem Hotel, das Jagdhaus Plessenburg, rund 5500 Hektar Land und Forst, so die Forstreviere um Ilsenburg und Wernigerode und die Domäne „Luisenlust" bei Gedern in Hessen, wo sein Sohn Botho nach 1945 lebt.

Einige Räume des Schlosses macht der Fürst für die Besichtigung zugänglich. Mit dem Eintrittsgeld werden dringende Baumaßnahmen finanziert. Doch der alte feudale Glanz des Schlosses als „deutscher Fürstensitz" ist unwiederbringlich dahin. König Fuads Besuch war nur die verspätete Abschiedsvorstellung für eine überlebte Zeit.

Schloß Wernigerode hoch über der Stadt

Das Prunkschloß ist längst keine Fürstenresidenz mehr. Doch nach wie vor thront es in altem feudalem Glanz über der „bunten Stadt", wie der Dichter Hermann Löns Wernigerode einmal nannte.

Malerisch ragt die Wernigeröder Veste aus der Harzlandschaft empor und lockt Menschen von nah und fern zur Besichtigung in seine Mauern und Gemächer. Denn seit 1949 schon beherbergt das altehrwürdige Bauwerk ein Museum mit prächtig eingerichteten Stilzimmern nebst einem repräsentativen Festsaal und der Schloßkirche.

Die früheren Burg- bzw. Schloßherren sind auf Gemälden gegenwärtig. Tagein, tagaus schauen sie – so hat es den Anschein – auf die unzähligen Besucher ihrer einstigen Residenz: so der letzte Wernigeröder Graf Heinrich und Graf Botho, der im Bauernkrieg die Aufständischen täuschte, oder Graf Christian Ernst, nach dem das nahe gelegene Christianental benannt wurde, und Graf Otto, der das Prunkschloß erbauen ließ. Auf der großen Freiterrasse stehen Kanonenrohre, die einst Bismarck gehörten, sowie die berühmte Feldschlange „Schöne Treiberin".

Das Schloß ist heute ein Museum. Es gibt Auskunft über die Geschichte der ehemals wehrhaften Veste und späteren Residenz. Zugleich spiegelt es mit seinen zahlreichen Schauräumen die wechselvollen Geschicke der Bevölkerung im Harz aus neun Jahrhunderten wider und dokumentiert mit originalgetreu eingerichteten Zimmern die Wohnkultur früherer Besitzer.

Hunderttausende Besucher kommen jedes Jahr zur Besichtigung aufs Schloß. Mitarbeiter des Museums führen auf Wunsch durch die Ausstellungsräume. Mindestens eine Stunde dauert ein solcher Rundgang. Oft werden dabei Fragen über Fragen gestellt: Wie alt ist das Schloß? – Wo wohnte der Schloßherr? – Ist die Folterkammer zu besichtigen? – Wie viele Kerzen befinden sich auf dem Kronleuchter im Festsaal? – Wie viele Treppenstufen hat der Bergfried? …

Natürlich kommt auch die erforderliche Pflege des Schlosses zur Sprache. Seit Jahren wird brüchige oder selbst verfallene Bausubstanz wiederhergestellt. Beschädigte Möbel, Waffen, Gemälde und andere Exponate, die noch in den Magazinen lagern, sind zu restaurieren. Erst dann können sie den Besuchern des Schloßmuseums zugänglich gemacht werden.

Doch nicht nur als Museum präsentiert sich Schloß Wernigerode. Es ist zudem eine beliebte Filmkulisse, wo selbst Baron Münchhausen oder Georg Friedrich Händel schon zu Gast waren, wenngleich in Gestalt der sie verkörpernden Schauspieler.

Darüber hinaus lädt das Schloßmuseum zu Konzerten ein, so in die alte „Ritterhalle", wo Liedermacher und Chansonsänger auftreten. In der Schloßkirche werden Orgel- und Chorkonzerte und um Schloßhof sommerliche Serenadenabende veranstaltet. Und wenn dort der Wernigeröder Rundfunk-Jugendchor alte deutsche Volksweisen wie „Es war ein König in Thule" singt, scheint es, als würde so manche der vielen Geschichten um Schloß Wernigerode aus neun Jahrhunderten wieder lebendig.

Zeittafel zur Geschichte von Burg und Schloß Wernigerode

1110–1120	Bau der Burg durch Graf Adalbert
1229 (27.4.)	Verleihung des Stadtrechts an Wernigerode durch die Grafen von Wernigerode
1268	Graf Gebhard von Wernigerode, ein Urenkel Graf Adalberts, trägt Burg und Stadt Wernigerode den Markgrafen von Brandenburg als Lehen an.
1309–1320	Fehde der Grafen Albert und Friedrich mit dem Ilsenburger Kloster
1320 (22.11.)	Der Abt des Ilsenburger Klosters erkennt auf der Burg die Vogteirechte der Grafen an.
1330–1343	Kämpfe zwischen den Wernigeröder und Regensteiner Grafen; Bau der Wehrtürme „Grauer Turm" und „Oberer Turm" sowie des Hausmannsturms
1343 (26.6.)	Nach ihrer Niederlage müssen die Regensteiner Grafen zugunsten der Wernigeröder Grafen in einem Vertrag auf viele Besitzungen verzichten. Es entsteht die Grafschaft Wernigerode als geschlossenes Gebiet um Burg und Stadt.
1381 (28.11.)	Die Wernigeröder Grafen Konrad und Dietrich erkennen Erzbischof Ludwig von Magdeburg als Lehnsherrn an.
1384 (14.2.)	Landfriedensversammlung in Braunschweig. Dem dort geschlossenen Landfriedensbund schließen sich die Wernigeröder Burgherren Konrad und Dietrich an.
1386 (22.7.)	Hinrichtung des Grafen Dietrich als Landfriedensbrecher
1417 (10.11.)	Die Bürger Wernigerodes huldigen dem Stolberger Grafen Botho.
1429 (3.6.)	Tod des letzten Wernigeröder Grafen Heinrich. Sein Nachfolger Botho nennt sich Graf zu Stolberg-Wernigerode.
1449	Der Magdeburger Erzbischof verzichtet zugunsten des Kurfürsten von Brandenburg auf die Lehnsherrschaft über Burg, Stadt und Grafschaft Wernigerode.
1490–1520	Ausbau der Burg, u.a. Errichtung des „Steinernen Hauses" und des „Neuen Hauses", einer Bastion mit Zugangstoren sowie der zweiten Ringmauer
1525	Während des Bauernkrieges wird das Stolberger Schloß von Aufständischen Ende April besetzt und Graf Botho gezwungen, die „Stolberger Bürgerartikel" zu unterschreiben. Danach flieht er auf die Wernigeröder Veste. Nach der Niederlage der Bauern läßt Graf Botho neun Aufständische hinrichten.
1541 (20.6.)	Graf Wolfgang heiratet Gräfin Dorothea von Regenstein. Zuvor wurde die Burg umfassend renoviert.
1544	Die Quedlinburger Äbtissin versteckt die Krone Kaiser Ottos II. für kurze Zeit auf der Wernigeröder Veste.
1626–1649	Das Schloß ist unbewohnt, zeitweise dient es als Militärgarnison. Die Grafschaft Wernigerode wird während des Dreißigjährigen Krieges mehrmals geplündert.
1645	Die Grafenbrüder Johann Martin und Heinrich Ernst teilen sich den Gesamtbesitz. Johann Martin erhält die Grafschaft Stolberg, Heinrich

	Ernst die Grafschaft Wernigerode. Sein Wohnsitz befindet sich in Ilsenburg.
1671/76	Umbau zum Barockschloß
1710	Das Schloß wird wieder ständiger Wohnsitz der Grafen zu Stolberg-Wernigerode.
1714 (19.5.)	Graf Christian Ernst gibt die Landeshoheit an den preußischen König ab. Die Grafschaft Wernigerode wird dem Staat Brandenburg-Preußen vertraglich angegliedert.
1717–1730	Bau der ersten Schloßwasserleitung
1807–1813	Die Grafschaft Wernigerode gehört zum Königreich Westfalen.
1847 (19.3.)	Die Stadt Wernigerode wird durch einen Brand erheblich zerstört.
1862–1883	Graf Otto läßt das Barockschloß zu einem Repräsentationsschloß mit Kirche, Terrasse und Bergfried umbauen.
1890	Genehmigung für Graf Otto zur Führung eines alten Reichsfürstentitels (von 1742) durch Kaiser Wilhelm II.
1929–1930	Finanzieller Bankrott des Fürsten Christian Ernst zu Stolberg-Wernigerode, der das Schloß als Wohnsitz aufgibt Teilweise Freigabe des Wernigeröder Schlosses für Besichtigungen, um aus dem Erlös Werterhaltungsmaßnahmen zu finanzieren
1949 (16.4.)	Schloß Wernigerode wird Feudalmuseum.

Abt: (von griech. abba, Vater) Vorsteher eines → Klosters oder einer Abtei, oft mit bischöflicher Gewalt (→ Bistum). Der Abt wurde meist von den Mönchen (Klosterinsassen) aus ihrer Mitte gewählt.

Akzise: Verbrauchsabgabe, die als indirekte Steuer und Zoll für Handelsgüter entrichtet werden mußte und auf deren Preis aufgeschlagen wurde. Davon betroffen waren alle Waren, welche zum Verkauf in die Städte gelangten. Bei ausländischen Gütern betrug der Akzisesatz bis zur Hälfte ihres Preises.

Allmende: Gemeindeeigentum an Ländereien (Wald, Weide, Gewässer), die von den Bauern gemeinsam genutzt wurden. Um die Allmende entbrannten heftige Auseinandersetzungen, als sich die → Feudalherren Teile davon durch Willkür und Gewalt aneigneten.

Amt: seit dem 13. Jh. kleiner Verwaltungsbezirk eines deutschen Territorialstaates, geleitet von einem Amtshauptmann. Der Amtmann (oder Richter) übte die Polizeiaufsicht aus.

Balg: Wort germanischen Ursprungs mit der Bedeutung „abstreifbare Haut von Tieren"

Barbier: ursprünglich Bartscherer (von lat. barba, Bart), der als Wundarzt auch kleine Operationen ausführte

Barock: europäischer Kunststil von etwa 1600 bis 1750, hergeleitet vom portugiesischen Wort„barocco" („unregelmäßige Perle"). Während dieser Zeit entstanden reich geschmückte, prunkvolle Bauwerke (vor allem Schlösser und Kirchen). Der Baustil des Barock war durch geschwungene und symmetrische sowie wuchtige Schmuckformen gekennzeichnet. Die barocken Schloßbauten mit ihren weiträumigen Parkanlagen drückten das Streben des Adels nach Repräsentation aus.

Bauermeister: vertrat im Unterschied zum → Schulzen die Belange der Gemeinde gegenüber der Herrschaft, war u.a. zuständig für Gemeinderechnungen, Gemeindekasse, Feuerschutz und Flurgrenzen; auch mußte er die rekrutierten Soldaten zur → Garnison begleiten. Meist wählte die Gemeinde aus ihren Reihen – seit dem 17. Jh. nur mit Zustimmung der Herrschaft – zwei Bauermeister.

Benediktiner: reicher Mönchsorden, geprägt durch die Regeln des im 5. Jh. lebenden Benedikt von Nursia: ständiger Verbleib der Mönche im → Kloster, Eigentumsverzicht, Keuschheit, unbedingter Gehorsam, Verpflichtung zu körperlicher Arbeit

Bierziese: Steuer auf das Bierbrauen. „Ziese" ist die volkstümliche Form von → Akzise, die in der „Zeise" (Amtsgebäude) zu entrichten war.

Bischof: → Bistum

Bistum: Herrschaftsgebiet (Amtsbezirk) eines Bischofs (griech. episkopos, der „Aufseher"), oft mit mehreren → Klöstern. Der Bischof wurde vom König mit weltlichen Ämtern (z.B. Rechtsprechung) ausgestattet. Die Bistümer entwickelten sich im 12./13. Jh. zu selbständigen geistlichen Fürstentümern. → Feudalherr, → Kurfürst

Bürgerwehr: in der Revolution von 1848/49 gebildete bewaffnete Formation des gemäßigten Bürgertums, das einen politischen Kompromiß mit dem herrschenden Adel anstrebte

Damwild: aus dem östlichen Mittelmeerraum stammendes Hirschwild (lat. dama) mit schaufelförmigem Geweih

Deutsches Reich: Im Ergebnis der Niederlage Frankreichs im Deutsch-Französischen Krieg 1870/71 entstand das Deutsche Kaiserreich. Mit seiner Proklamation am 18. 1. 1871 wurde die territoriale Zersplitterung Deutschlands „von oben" überwunden. Ein geschlossenes Wirtschaftsgebiet mit einem einheitlichen Münz-, Maß- und Gewichtssystem sowie eine einheitliche Wirtschafts- und Rechtsgesetzgebung förderten die Entwicklung Deutschlands zu einem der fortgeschrittensten

Industriestaaten. Der Kaiser war Staatsoberhaupt (bis 1918) und Inhaber der politischen Macht, die der ihm rechenschaftspflichtige Reichskanzler ausübte (von 1871 bis 1890 Otto von Bismarck). Das Parlament, den Reichstag, konnte der Kaiser jederzeit auflösen.

Dom: (von lat. domus, Haus) Bezeichnung der Hauptkirche eines → Bistums oder Erzbistums

Domäne: land- oder forstwirtschaftlich genutztes Gut im Besitz des Landesherrn, dessen Erträge für die Kosten der Hofhaltung und Landesverwaltung dienten. Domänen wurden oft verpachtet.

Domherr: gehörte zum sogenannten Domkapitel, einem Beratungsgremium des Bischofs. Domherren übten großen Einfluß auf die politische Entwicklung des → Bistums aus. Für die Aufnahme ins Domkapitel war adlige Abstammung Voraussetzung.

Durchlaucht: (eigentliche Bedeutung „durchsichtig glänzend", „durchleuchtet") seit dem 15. Jh. fürstlicher Titel und Anrede

Edler Herr (Edelmann): abgeleitet vom germanischen Wort „Adel" (Geschlecht, Abstammung). Ursprünglich bezeichnete man als „Edelfreie" die germanischen Adligen, aus denen sich etwa im 12. Jh. im Gegensatz zu den → Rittern der hohe Adel entwickelte; im Mittelalter (bis 15. Jh.) erster Stand des Adels nach den Fürsten (→ Reichsfürst).

Einbecker Bier: bekanntes, gut haltbares Starkbier goldgelber Farbe, dem heutigen Bockbier vergleichbar. Es wurde in Einbeck seit dem 13. Jh. gebraut und in viele Gebiete Deutschlands geliefert.

Erbuntertänigkeit: erbliche Feudalabhängigkeit der Landbevölkerung seit der zweiten Hälfte des 17. Jh. Heirat, Ortswechsel, Schuldenaufnahme, Erbfolge und Berufswahl der Kinder bedurften der Genehmigung des jeweiligen Gutsherrn. Die abgaben- und frondienstpflichtigen Bauern waren seiner Polizei- und Gerichtsgewalt unterworfen, zudem bestand für sie → Gesindezwang. Auch konnten sie vom Gutsherrn – mit oder ohne ihren Hof – verkauft werden. Die Erbuntertänigkeit wurde in Preußen 1807, in Mecklenburg 1820, in Sachsen 1832 aufgehoben.

Erlaucht: (abgeleitet von „erleuchtet") Titel und Anrede für dem Hochadel zugehörige → Grafen, im Unterschied zu → Durchlaucht

Erzbischof: → Erzbistum

Erzbistum: mehrere → Bistümer umfassende Kirchenprovinz, geleitet von einem Erzbischof. Dem im Jahre 968 entstandenen Erzbistum Magdeburg waren die Bischöfe von Merseburg, Naumburg, Brandenburg, Havelberg, Oldenburg und Meißen unterstellt. Die Erzbischöfe von Köln, Mainz und Trier waren → Kurfürsten.

Faktor: (von lat. factor, der „Machende", „Besorgende") Bezeichnung für einen Verwalter in der Hüttenindustrie. Er leitete von der → Faktorei aus die Produktion.

Faktorei: eigentlich größere Handelsniederlassung im überseeischen Ausland, auch im Hüttenwesen übliche Bezeichnung für den Verwaltungssitz eines Industriebetriebes (von engl. factory). Vergleiche auch → Faktor

Falkner: Jäger, der Greifvögel (meist Falke und Habicht) für die Beizjagd auf Reiher, Kraniche, Fasanen, Rebhühner und Hasen abrichtete und betreute (von althochdeutsch beizzen „beißen machen" bzw. „mit dem Falken jagen")

Feudalherr: Angehöriger der herrschenden Klasse in der feudalen Gesellschaftsordnung; ursprünglich Adliger, der ein → Lehen (lat. feudum) besaß. Grund und Boden waren im Feudalismus Eigentum weltlicher und geistlicher Feudalherren.

Feuermörser: großkalibriges Steilfeuergeschütz mit kurzem Rohr, besonders schwer zu handhaben, geeignet für den Beschuß von verdeckten Zielen in Gräben oder hinter Verteidigungsanlagen. Verschossen wurden Steinkugeln, Feuerballen (Brandgeschosse) und Granaten (eine der Prüfungsbedingungen, um Büchsenmeister zu werden). Die Typenbezeichnung (z. B. Zwanzigpfünder) richtet sich nach dem Gewicht der zu verschießenden Steinkugeln.

Französische Julirevolution 1830: Durch sie wurde die Herrschaft der Bourbonen (französisches

Königshaus) beendet und der König zum Verlassen des Landes gezwungen. Die Macht über-
nahm das Großbürgertum. In vielen Teilen Deutschlands löste diese Revolution antifeudale
Volkserhebungen aus.

Fürst: (von althochdeutsch furisto, „der Vorderste", „der Erste") → Reichsfürst

Fürstenrat: seit dem 15. Jh. einer der drei sogenannten Reichsstände des → Reichstages. Fürstenrats-
mitglieder waren die → Reichsfürsten ohne → Kurwürde, aber auch → Reichsgrafen. Außer dem
Fürstenrat waren die → Kurfürsten und die → Reichsstädte im Reichstag vertreten. Über kaiserliche Gesetzesvorlagen berieten und beschlossen die Reichsstände zunächst getrennt, dann
stimmten sie ihre Beschlüsse ab. Erst bei gegenseitigem Einverständnis und Bestätigung durch
den Kaiser erhielten die beschlossenen Vorlagen Gesetzeskraft.

Garnison: Standort von Militäreinheiten bzw. eine ständig mit Truppen belegte Ortschaft

Gesindezwang: Durch den Gesindezwang waren die Kinder aller feudalabhängigen (hörigen, leibei-
genen und → erbuntertänigen) Bauern verpflichtet, zwei bis vier Jahre beim jeweiligen Gutsherrn gegen geringen Lohn zu arbeiten. Die Arbeits- und Rechtsverhältnisse regelten (bis 1918)
Gesindeordnungen. Auf diese Weise wurden den bäuerlichen Wirtschaften Arbeitskräfte für die
Ableistung feudaler Dienste entzogen.

Gotik: europäischer Kunststil (13.–16. Jh.) zwischen → Romanik und → Renaissance. Vom Wohlstand und erreichter Selbstverwaltung der Städtebürger zeugen die im gotischen Stil errichteten
Bürgerbauten (z. B. Wernigeröder Rathaus). Charakteristisch war der hoch aufragende Kirchen-
bau mit Kreuzrippengewölben, Spitzbogen und feingliedrigen Schmuckformen als den vorherr-
schenden Stilelementen.

Graf: (von althochdeutsch gravio, „der Befehlende") im 8. Jh. zunächst ein Verwalter königlicher
Ländereien, der dem → Hochadel angehörte und Inhaber königlicher → Lehen war. Im 10. und
11. Jh. lösten sich die Grafen von der königlichen Zentralgewalt, sie wurden Inhaber unabhängi-
ger Grafschaften, manche stiegen in den Fürstenstand (→ Herzog, → Landgraf, → Markgraf, →
Reichsfürst) auf.

Grauwacke: dunkelgraues, sandsteinartiges Gestein, bestehend aus Ablagerungen unterschiedlicher
Gesteinsarten wie Quarz, Feldspat, Schiefer

Hakenbüchse: Feuerwaffe des 14. bis 18. Jh. Zum Auffangen des Rückstoßes besaß sie am Lauf einen
Haken, der z. B. an einen Mauerrand angelegt wurde.

Handrohr: im 15. und 16. Jh. Handfeuerwaffe einfachster Art. Das Handrohr bestand aus einem mit
Zündloch versehenen eisernen Rohr, der Stiel war oft als Beil oder Streitaxt ausgebildet und
diente als Anschlagkolben.

Herzog: ursprünglich der bei den königlosen Stämmen der Germanen gewählte oberste Heerführer
(zog vor dem Heer her). Im 10. Jh. verlor der Herzog diese militärische Bedeutung, blieb aber
fürstlicher Herrscher eines größeren Gebietes – des Herzogtums –, zu dem meist mehrere Grafschaften und → Vogteien gehörten. Der Herzog von Sachsen war → Kurfürst.

Hochadel: adlige Oberschicht, die in ihren Besitzungen staatliche Hoheitsrechte (z. B. Gerichtsbar-
keit) ausübte, hauptsächlich → Herzöge, → Pfalzgrafen, → Markgrafen, → Grafen. Wesentliches
Merkmal der Zugehörigkeit zum Hochadel war die sogenannte Reichsstandschaft, d. h. Sitz und
Stimme im → Reichstag.

Hofjunker: Bezeichnung für einen am Hofe (gräfliche oder fürstliche Residenz) dienenden jungen
Adligen („Junker", abgeleitet von „junger Herr"), bevor er zum → Ritter geschlagen wurde

Hofmeister: ursprünglich „Aufseher über die Hofhaltung eines Fürsten", später Hofbeamter im
Ministerrang, dem bestimmte Regierungsangelegenheiten oblagen

Hussiten: benannt nach dem böhmischen Prediger Jan Hus. Die Hussitenbewegung (1419–1437)
richtete sich gegen die Papstkirche (→ Papst) und den in Böhmen meist deutschen → Hochadel.

Sie begann mit dem Sturm auf das Neustädter Rathaus in Prag. Zentrum der Erhebung war die Stadt Tabor. Die Hussiten wollten die Feudalordnung (→ Feudalherr) abschaffen und eine – von utopischen Vorstellungen bestimmte – klassenlose Gesellschaft errichten. Ihr Volksheer war im Kampf gegen die → Ritter und Söldner des Papstes zunächst siegreich; es stieß sogar nach Schlesien, Brandenburg, Sachsen und Österreich vor – vielerorts von den armen Leuten mit Sympathie begrüßt. Erst als sich die Bewegung spaltete, wurden die Hussiten militärisch besiegt.

Jagdlappen: An Seilen befestigt, dienten sie zum Einhegen (Eingrenzen) des Jagdgebietes (Jagen). Die Jagdlappen schreckten das Wild ab, so daß es nicht ausbrach, also im Jagen verblieb.

Kämmerer: Titel des adligen Hofbeamten, der die Vorrats- und Schatzkammer des Landesherrn beaufsichtigte, Schlüsselgewalt besaß und dem das Betreten der Gemächer (Kammern) des Landesherrn erlaubt war; später nur noch ein Ehrenamt. Kämmerer des Deutschen Reiches war seit dem späten Mittelalter der → Markgraf von Brandenburg.

Kaiserpfalz: → Pfalz

Kardinal: höchster Rang der katholischen Geistlichen nach dem → Papst, der von den Kardinälen gewählt wird

Kirchenbann: Ausschluß aus der christlichen Gemeinschaft (der römisch-katholischen Kirche). Dem Gebannten wurden alle kirchlichen Amtshandlungen wie Eheschließung, Taufe und Begräbnis verweigert, womit auch gesellschaftliche Ächtung verbunden war.

Klausnerin: → Klause

Klause: (von lat. clausus, verschlossen) Klosterzelle oder Einsiedelei, von Klausnern bewohnt, die ein entbehrungsreiches und gottgefälliges Leben führten

Kleinodien: wertvolle Gegenstände wie Schmuckstücke und Edelsteine – abgeleitet von „klein", in der früheren Bedeutung „fein", „zierlich"

Kloster: (von lat. claustrum, Verschluß, verschlossener Ort) Wohn-, Gebets- und Arbeitsstätte von Mönchen oder Nonnen; geleitet von einem → Abt. Es verbreitete die kirchliche Lehre, förderte aber auch Handwerk, Wissenschaft und Bildung, erhob von den Bauern Abgaben und vertrat das Recht. Zum Kloster gehörten auch Laienbrüder, die vor allem als Handwerker arbeiteten, und bewaffnete Klosterknechte. Meist verfügten die Klöster über beträchtlichen Grundbesitz.

Kürassiere: ursprünglich schwere Reiterei mit Panzerrüstung; im 18. Jh. mit Degen, Karabiner und Pistole bewaffnet, die schwere Rüstung wurde durch einen leichten Brustharnisch (Küraß) und Helm ersetzt. Halberstadt hatte seit 1817 ein Kürassierregiment in → Garnison.

Kurfürst: Nach einem vom Kaiser im Jahre 1356 erlassenen Gesetz (genannt „Goldene Bulle") durften nur die Kurfürsten den deutschen König wählen (= küren). Dieses Recht der sogenannten Kurwürde besaßen sieben Fürsten: die Erzbischöfe von Köln, Mainz und Trier (geistliche Kurfürsten), der rheinische Pfalzgraf, der Markgraf von Brandenburg, der Herzog von Sachsen und der böhmische König (weltliche Kurfürsten). Die Kurfürsten waren mächtige Gegner der königlichen Zentralgewalt, ihr Wahlrecht nutzten sie zum eigenen Vorteil.

Kurwürde: → Kurfürst

Landfrieden: seit dem 11. Jh. zeitlich und räumlich begrenztes Friedensgebot, das Fehden und Gewalttaten unterbinden sollte. Im 14. und 15. Jh. nutzten die Feudalherren den Landfrieden zum Ausbau ihrer Landesherrschaft und zur Sicherung gegen antifeudale Bestrebungen. Anderen Volksschichten (vor allem den Bauern) wurde z. B. das Waffentragen verboten.

Landgraf: im 12. und 13. Jh. fürstlicher Landesherr einer Landgrafschaft, im Rang zwischen → Graf und → Herzog. Die Landgrafen sollten dem König helfen, die Macht der Herzöge zurückzudrängen. Später nahmen vermögende Grafen den Titel eines „Landgrafen" an, um die Eigenständigkeit in ihrem Herrschaftsbereich zu betonen. Die Landgrafen von Thüringen herrschten über ausgedehnte Territorien.

Lehen: geliehenes Land (anfangs nur) vom König an seine treuen Gefolgsleute. Für das empfangene Lehen mußten diese sich zum Kriegsdienst verpflichten und waren somit Vasallen (belehnte Dienstleute) des Königs. Die Vasallen erhielten so viel königliches Land als Lehen, zum Teil auch als Landgeschenke, daß sie bald eigene Gefolgsleute für ihre Kriegszüge belehnen konnten. Zum Beispiel liehen die → Grafen als Vasallen des Königs oft selbst Land an → Ritter aus dem niederen Adel, die wiederum als Untervasallen deren Lehnsmannschaft bildeten. – Lehen waren meist vererbbar. Manche unabhängigen Feudalherren, die militärischen Schutz suchten, begaben sich freiwillig in ein Lehnsverhältnis zu einem mächtigeren Fürsten, von dem sie ihr eigenes Territorium dann als Lehen zurückbekamen.

Luzifer: biblische Bezeichnung für den Teufel

Magistrat: frühere Bezeichnung für Stadtverwaltung

Markgraf: ursprünglich militärischer Befehlshaber an den Reichsgrenzen (von althochdeutsch marka, die Grenze eines Landes). Der Markgraf war ein → Reichsfürst. Denn er besaß in seiner Mark (Grenzgrafschaft) wegen des Grenzschutzes weiterreichendere Befugnisse als andere Grafen. In größeren Marken hatten die Markgrafen beinahe →Herzoggewalt. Der Markgraf von Brandenburg war → Kurfürst.

Mätresse: (franz. eigentlich „Herrin") vor allem im 17. und 18. Jh. die offizielle Geliebte eines Fürsten, oft im hohen Adelsrang

Musketiere: (von franz. mousquet, Gewehr) in den west- und mitteleuropäischen Armeen seit dem 16./17. Jh. besondere Gattung der Landstreitkräfte, die mit Musketen (Gewehren mit Luntenschloß) ausgerüstet waren

Oberpräsident: Preußen war in Provinzen eingeteilt (z. B. Brandenburg, Schlesien, Sachsen), denen jeweils als oberster staatlicher Verwaltungsbeamter ein Oberpräsident vorstand.

Obrist: frühere Bezeichnung für Oberst, Offiziersrang vor dem General

Obristwachtmeister: Anrede für einen Major, im preußischen Heer üblich bis ins 19. Jahrhundert

Page: junger Adliger, der an einem Fürstenhof oder in einer gräflichen Residenz diente

Palas: Hauptgebäude (vor allem Festsaal) der mittelalterlichen Burg

Papst: (von lat. papa) Oberhaupt der katholischen Kirche. Dieser ursprünglich für jeden Bischof (→ Bistum) gebräuchliche Ehrenname galt seit dem 6. Jahrhundert nur noch für den Bischof von Rom.

Pfalz: Die deutschen Könige und Kaiser besaßen über das ganze Gebiet ihres Reiches verstreute Wohnstätten – Pfalzen (auch Königs- oder Kaiserpfalzen genannt). Dort hielten sie sich auf ihren Reisen mit ihrem Hofstaat nur vorübergehend auf. Oft waren Pfalzen – wie z. B. in Bodfeld – mit einem Wirtschaftshof (Königshof) verbunden. → Pfalzgraf

Pfalzgraf: Vertreter königlicher Rechte gegen die → Herzöge (vergleiche auch → Landgraf); ursprünglich vom König mit der Verwaltung einer → Pfalz beauftragt. Einige Pfalzgrafen wurden → Reichsfürsten. Der rheinische Pfalzgraf war → Kurfürst.

Pöbel: (von franz. peuple, Volksmenge) Während des Bauernkrieges war diese Bezeichnung allerdings noch ohne den heute verächtlichen Sinn üblich.

Pulvermühle: Stampfmühle, mit der aus Salpeter, Holzkohle und Schwefel durch Zerkleinern und Vermengen Schießpulver hergestellt wurde

Reichsfürst: Inhaber von Reichsämtern (→ Herzog, → Markgraf, → Kurfürst, → Pfalzgraf) und eines Reichsfürstentums. Die Reichsfürsten wurden unmittelbar durch den König belehnt und unterstanden nur ihm (→ Lehen). Sie verfügten im → Reichstag über Sitz und Stimme (→ Fürstenrat).

Reichsgraf: Wie beim → Reichsfürsten mußte bei diesem die Belehnung durch den König erfolgt sein. Der Reichsgraf war nur ihm untergeben, gehörte zum Hochadel und verfügte über Sitz und

Stimme im → Reichstag. Die Stolberger Grafen waren Reichsgrafen, sie gehörten zeitweise dem → Fürstenrat an.

Reichskanzler: → Deutsches Reich

Reichspräsident: Staatsoberhaupt des → Deutschen Reiches zwischen 1919 und 1934. Seine Verfügungen und Verordnungen bedurften zur Gültigkeit der Gegenzeichnung des Reichskanzlers oder des zuständigen Reichsministers.

Reichsstadt: seit dem 13. Jh. aufkommende Bezeichnung für etwa 120 Städte, die dem König (und damit dem Reich) direkt unterstanden, ihm Steuern zahlten und Heeresdienst leisteten, u. a. Goslar, Nordhausen, Nürnberg, Lübeck

Reichstag: seit dem 15. Jh. Versammlung der Reichsstände, das heißt der → Reichsfürsten, → Kurfürsten und → Reichsstädte. Der Reichstag wurde vom Kaiser einberufen. Vergleiche auch → Fürstenrat, → Deutsches Reich

Reliquien: (lat. Bedeutung: Überbleibsel) als angeblich wundertätig gepriesene Überreste von den Körpern Heiliger oder von diesen gebrauchte Gegenstände (z. B. Kleiderreste, Marterwerkzeuge); vielfach in kostbar ausgestatteten Behältnissen aufbewahrt

Renaissance: (lat. Bedeutung: Wiedergeburt, gemeint ist die Wiedergeburt der griechisch-römischen Kultur) europäische Kunst- und Kulturbewegung zwischen 1420 und 1600 mit dem Ziel, durch Erforschung und Pflege alter Sprachen, der Literatur, Kunst und Kultur des Altertums ein neues, der Wirklichkeit zugewandtes Weltbild zu schaffen. Dabei sollte der Mensch im Mittelpunkt der Betrachtung stehen. – Bauwerke aus der Zeit der Renaissance haben einen symmetrischen Aufbau, die Waagerechte ist dabei betont; typisch sind z. B. auch Kuppeln und Säulen. Die Malerei ist gekennzeichnet durch perspektivische Darstellung.

Ritter: verfügte meist über ein → Lehen und gehörte als bewaffneter „Reiter" (ursprüngliche Bedeutung) zum Militäraufgebot (Lehnsmannschaft) eines → Feudalherrn. Er zählte zum niederen Adel. Im 14./15. Jh. verloren die Ritter infolge des zunehmenden Einsatzes von Landsknechten und der Verwendung von Feuerwaffen ihre militärische Bedeutung.

Romanik: Kunststil der frühfeudalen Zeit (etwa 950 bis 1250), überwiegend in Deutschland, Frankreich, Oberitalien, auch in England und Skandinavien. Die Bezeichnung ist auf den römischen Rundbogen zurückzuführen, der ein wesentliches Stilelement an Fenstern und Portalen darstellt. In der Baukunst waren einfache, klare, schmucklose, durch die Waagerechte betonte Formen vorherrschend. Die Stiftskirche in Gernrode (Harz) ist eines der bedeutendsten frühromanischen Bauwerke, erbaut von 961 bis 980.

Sabbat: (hebräisch: schabbath, Ruhetag) bezieht sich der Bibel nach auf den 7. Schöpfungstag, an dem Gott ruhte; ursprünglich der einer völligen Arbeitsruhe gewidmete siebente Wochentag. Während der gleichnamige jüdische Festtag freitags mit dem Sonnenuntergang beginnt und bis Sonnabend dauert, feiern die Christen ihren Gottesdienst sonntags (bezogen auf Ostersonntag).

Schießscharte: Maueröffnung, durch die der eine Burg angreifende Feind beschossen werden konnte (von althochdeutsch skart, zerschnitten)

Schmalkaldischer Krieg: 1546 versuchte Kaiser Karl V. – unterstützt vom → Papst, von katholischen Fürsten, aber auch vom evangelischen Herzog Moritz von Sachsen – die seit 1531 im Schmalkaldischen Bund vereinigten evangelischen (protestantischen) Fürsten und Städte gewaltsam niederzuwerfen. Die Bundestruppen konnten unter Führung des Kurfürsten von Sachsen und des Landgrafen von Hessen zwar wichtige Anfangserfolge erzielen, erlitten aber 1547 bei Mühlberg an der Elbe eine vernichtende Niederlage.

Schulze (Schultheiß): Vorsteher einer Dorfgemeinde; ursprünglich mit dem Eintreiben von Steuern und Abgaben beauftragter Gemeindevorsteher. Der Name kommt von „Schuld" (gegenüber dem König) und „heischen", d. h. fordern.

Schutzherrschaft: das Recht des Landesherrn, eine Gemeinde, ein Stift, ein Kloster o. ä. in seinen Schutz zu nehmen; oft mit der Absicht, sich den Grundbesitz des Beschützten anzueignen

Tabakskollegium: regelmäßige zwanglose Abendgesellschaft beim „Soldatenkönig" Friedrich Wilhelm I. von Preußen. Die Teilnehmer, meist höhere Offiziere und durchreisende Gäste, rauchten aus Tonpfeifen, plauderten miteinander und tranken Bier.

Urfehde: eigentlich „Fehdelosigkeit" („Ur" bezeichnet das Aussein der Fehde); im 16. Jh. vom Angeklagten zu leistender Eid, sich jeder Rachehandlung gegenüber Ankläger oder Richter zu enthalten

Vasall: → Lehen

Vogt: vom Landesherrn zur Verwaltung von Besitzungen (z. B. → Pfalz, Burg, → Kloster) eingesetzter Beamter (von lat. advocatus, Herbeigerufener). Der Vogt vertrat den Landesherrn, war mit zahlreichen Rechten ausgestattet (zog z. B. Steuern ein), übte meist auch die gräfliche Gerichtsbarkeit aus. → Vogtei

Vogtei: meist ein größeres Territorium, das der Landesherr von einem Vogt verwalten ließ

Weidwerk: Bezeichnung für Jagd, abgeleitet von dem Wort „Weide", das ursprünglich von allgemeinerer Bedeutung war, nämlich auch Jagd und Fischfang einbezog (daher auch Weidmann, Weidtasche, Weidmesser u. a.)

Wehrgang: auf der Mauer einer Burg befindlicher, oft überdachter Gang zur Verteidigung, mit Wehr- und Wachtürmen sowie → Schießscharten ausgestattet

Zinnen: kurze, pfeilerartige Aufsätze auf einer Mauer, in Reihe mit Zwischenräumen (Scharten → Schießscharten) zum Schießen angeordnet. Sie sollten Verteidiger einer Burg gegen feindliche Geschosse decken.

Zwinger: Verteidigungsraum vor einer Burg (z. B zwischen zwei Mauern). Besucher oder Angreifer waren gezwungen, ihn vor Betreten der Veste zu passieren. Der Zwinger wurde für ritterliche Übungen genutzt, diente oft als Garten oder zur Aufstellung von Mühlen.

Stammbaum der Grafen zu Wernigerode
von 1133 bis 1429 (Auszug)

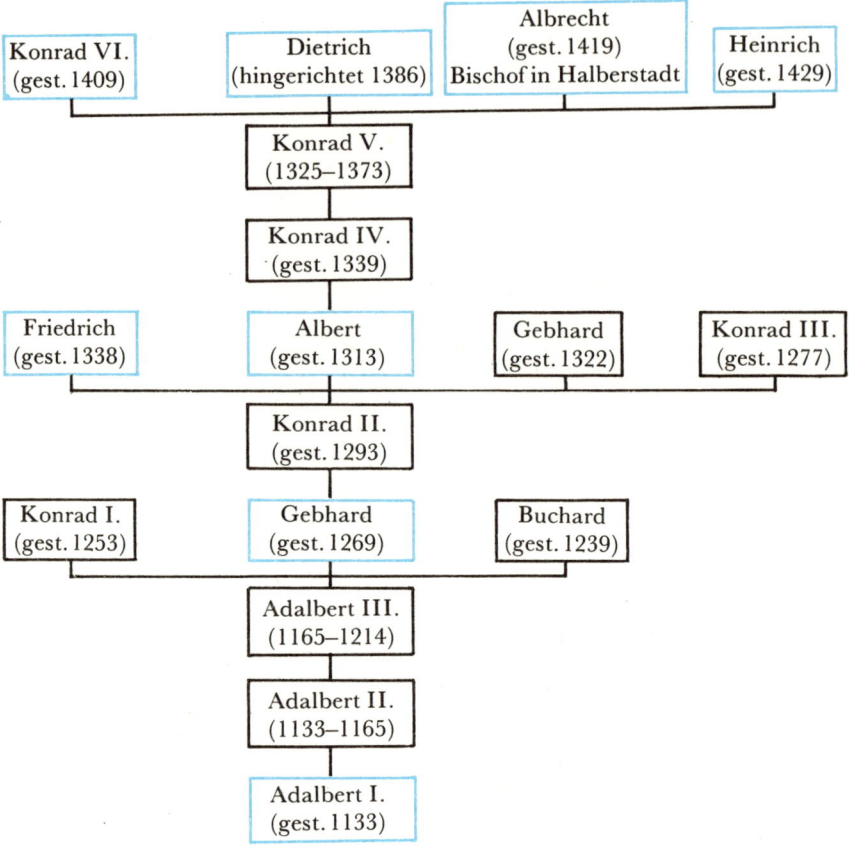

| Konrad VI. (gest. 1409) | Dietrich (hingerichtet 1386) | Albrecht (gest. 1419) Bischof in Halberstadt | Heinrich (gest. 1429) |

Konrad V. (1325–1373)

Konrad IV. (gest. 1339)

| Friedrich (gest. 1338) | Albert (gest. 1313) | Gebhard (gest. 1322) | Konrad III. (gest. 1277) |

Konrad II. (gest. 1293)

| Konrad I. (gest. 1253) | Gebhard (gest. 1269) | Buchard (gest. 1239) |

Adalbert III. (1165–1214)

Adalbert II. (1133–1165)

Adalbert I. (gest. 1133)

Im Buch erwähnte Grafen

Stammbaum der Grafen zu Stolberg-Wernigerode ab 1429 (Auszug)

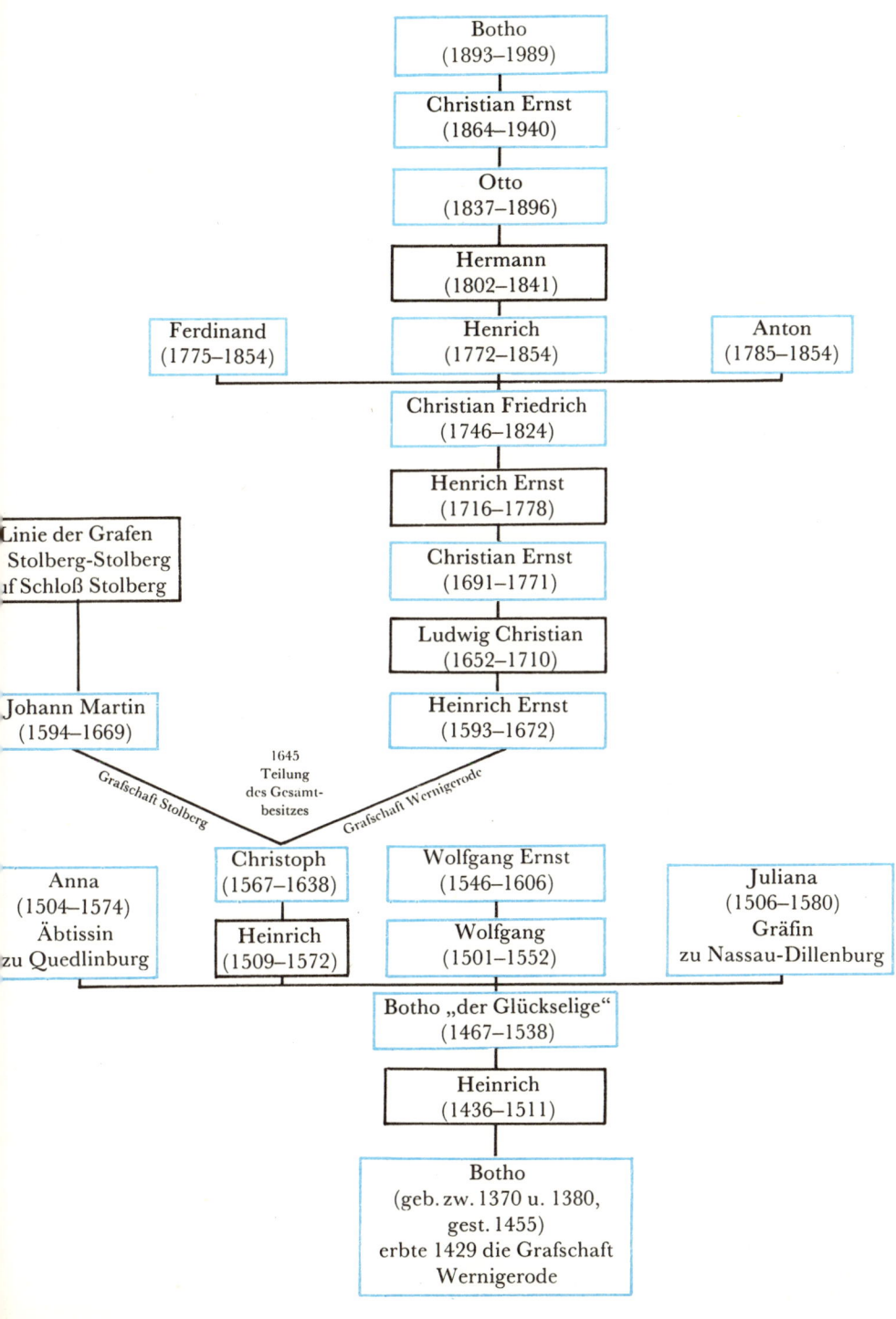

Botho
(1893–1989)

Christian Ernst
(1864–1940)

Otto
(1837–1896)

Hermann
(1802–1841)

Ferdinand
(1775–1854)

Henrich
(1772–1854)

Anton
(1785–1854)

Christian Friedrich
(1746–1824)

Henrich Ernst
(1716–1778)

Linie der Grafen
Stolberg-Stolberg
auf Schloß Stolberg

Christian Ernst
(1691–1771)

Ludwig Christian
(1652–1710)

Johann Martin
(1594–1669)

Heinrich Ernst
(1593–1672)

1645
Teilung
des Gesamt-
besitzes

Grafschaft Stolberg

Grafschaft Wernigerode

Anna
(1504–1574)
Äbtissin
zu Quedlinburg

Christoph
(1567–1638)

Wolfgang Ernst
(1546–1606)

Juliana
(1506–1580)
Gräfin
zu Nassau-Dillenburg

Heinrich
(1509–1572)

Wolfgang
(1501–1552)

Botho „der Glückselige"
(1467–1538)

Heinrich
(1436–1511)

Botho
(geb. zw. 1370 u. 1380,
gest. 1455)
erbte 1429 die Grafschaft
Wernigerode

Bildnachweis

Illustrationen von Karl-Heinz Döring: Vor- und Nachsatz,
S. 8–9, 16, 26–27, 32, 42, 46, 73, 82

Standorte:

Archiv des Autors S. 11, 23, 34, 36–38, 45, 48, 50, 52–53, 55–56, 61, 71, 79, 84, 101, 116, 118–119, 122, 125–126, 128
Deutscher Verlag der Wissenschaften S. 47
Feudalmuseum Schloß Wernigerode S. 14, 25, 29, 40–41, 43, 46, 63, 67–68, 70, 72, 74, 78, 85–87, 89, 91–92, 99–100, 104–106, 111,
117, 119, 127, 130
Goslarer Museum S. 76
Harzbücherei Wernigerode S. 13, 44, 59, 83
Harzmuseum Wernigerode S. 80, 95
Heimatmuseum Stolberg S. 33
Hessisches Landesmuseum Darmstadt S. 20
Museum für Deutsche Geschichte S. 97, 102
Museum Kleines Schloß Blankenburg/Harz S. 19
Rat der Stadt Quedlinburg S. 15
Schloßmuseum Quedlinburg S. 14
Städtisches Museum Halberstadt S. 93
Staatliche Kunstsammlungen Dresden, Kupferstichkabinett S. 123
Staatliche Lutherhalle Wittenberg S. 30
Staatliche Schlösser und Gärten Potsdam-Sanssouci S. 69
Sylvestrigemeinde Wernigerode S. 24

Fotos:

Peter Hein S. 116, Einband
Heinz Hirschmann S. 25, 43, 112–114
Dieter Oemler S. 4, 6, 11, 13, 14 u., 15, 19, 22–24, 29, 31, 33–36 o., 37–38, 40–41, 44–46, 48, 50, 52–56, 59–61, 63–65,
67–72, 74–75, 78–80, 83–87, 89, 91–92, 95, 99–101, 104–111, 117–119, 121–122, 125–128, 130–131
Sächsische Landesbibliothek, Abt. Deutsche Fotothek S. 30, 49, 77
Gerhard Reinhold S. 123

Abbildung auf dem Einband:
Ansicht der Stadt und des Schlosses Wernigerode um 1810
(Radierung nach einem Gemälde von Anton Balzer)

Abbildung auf dem Innentitel
Allianzwappen der Grafen zu Stolberg-Wernigerode.
Das Schild zeigt die Wappenzeichen aller ihrer Besitzungen.
(Nachzeichnung von Wolfgang Burger)

Gestaltung: Hannelore Eichler

ISBN 3-358-01075-9

2. Auflage 1990
© DER KINDERBUCHVERLAG BERLIN – DDR 1988
Gesamtherstellung: Grafischer Großbetrieb Sachsendruck Plauen
LSV 7810
Bestell-Nr. 633 023 2

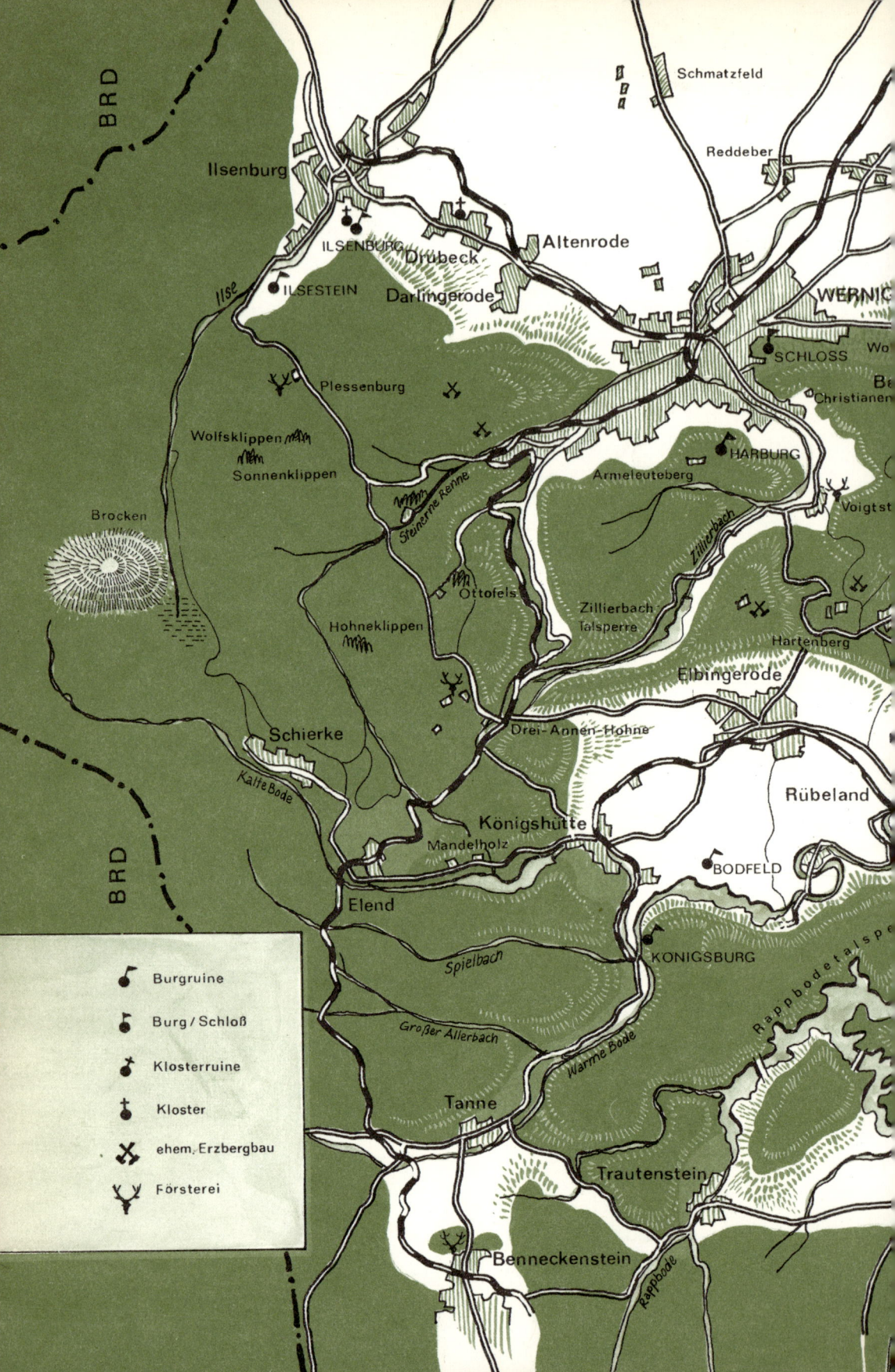